Jirina Prekop

Getragen vom Fluss der Liebe

Jirina Prekop

GETRAGEN VOM FLUSS DER LIEBE

Im Gespräch mit Ingeborg Szöllösi
und Ivana Kraus

Kösel

Druck und Bindung: Pustet, Regensburg
Umschlag: Elisabeth Petersen, München
Umschlagfoto: Pater Klaus Hurtz, Mönchengladbach
ISBN 3-466-30670-1

Gedruckt auf umweltfreundlich hergestelltem Werkdruckpapier
(säurefrei und chlorfrei gebleicht)

Inhalt

Allein die Liebe erhält und bewegt
unser Leben.

Iwan S. Turgenjew

VORWORT

Bereits zwei Stunden sind vergangen, seit Jirina Prekop uns zu Beginn ihres Vortrags begrüßt und jedem Einzelnen die Hand gereicht hat – und sie spricht noch immer in ihrer lebhaften und energischen Art zu uns, ohne einen Schluck Wasser zu sich zu nehmen oder sich für einen Augenblick zu setzen. Sie erzählt von Jakob, der mit dem Engel ringt und ihn nicht gehen lässt, ehe er ihn segnet, von unruhigen Kindern, denen der mütterliche Halt fehlt, aber auch aus ihrem Leben, wie sie sich als zweitgeborenes Kind in ihrer Familie gefühlt hat und wie sie dann erst viel später, als erwachsene Frau, ihre ältere Schwester, die Erstgeborene, endlich verstehen konnte. Therapeutisches und Beratendes, Berufliches und Privates gehen eine innige Verbindung ein.

Es steht vor uns ein Mensch, der in Übereinstimmung mit sich selbst lebt, der das, was er ist, mit dem, was er tut, verbindet –

Jirina Prekop lässt sich nicht in ein berufliches und privates Ich aufspalten. Sie tritt immer als ganze Person auf – und so habe ich sie das erste Mal erlebt und so erlebe ich sie immer wieder bei jeder neuen Begegnung: Sie ist ein Mensch unterwegs zu sich selbst und zu anderen Menschen. Fragt man sie, woher sie ihre Energie und Ausdauer denn herbeizaubert, so antwortet sie schlicht: »Das ist mein Auftrag!« Die Liebe trägt und bewegt sie. Und da die Liebe in den meisten Familien abhanden gekommen ist, macht sich Jirina Prekop wie ein Bote auf den Weg, um sie zu erneuern – denn »ohne Nestwärme kein freier Flug«. Wir alle haben einen Auftrag, nur gelingt es den wenigsten, ihn zu entdecken und zu verwirklichen. Daraus erwächst die innere Unzufriedenheit und aus der Unzufriedenheit erwachsen die vielen Ungerechtigkeiten, die wir dann anderen zuteil werden lassen. Wir verhalten uns ungerecht unseren Kindern gegenüber, weil wir mit uns selbst unzufrieden sind.
Oft kommen wir todmüde nach Hause und fragen uns, welchen Sinn hat denn unser Dasein überhaupt noch? Und gerade im selben Augenblick eilt unser kleiner Sohn herbei und möchte von uns wahrgenommen werden. Doch wir hatten einen harten Tag und unsere Energie ist verpufft – wir schicken ihn zurück in sein Kinderzimmer zu seinen Spielsachen. Er will unsere Gegenwart – und wir bieten ihm in unserer Not Spielsachen an. Er will eine Geschichte von uns hören – wir trösten ihn mit einem Videofilm. Er will mit uns lachen und sich freuen, uns die Ereignisse des Tages erzählen – wir aber sind taub und stumm. Und wenn wir dann traurig sind, verbergen wir unsere Tränen – obwohl unser Kind diese Sprache verstehen würde.
Was Jirina Prekop den Kindern heute wünscht, ist eine Überschwemmung, die all die vielen Spielsachen aus den Kinder-

zimmern wegspült. Dann würden Kinder wieder lernen, im Matsch zu spielen, und Eltern könnten ihr schlechtes Gewissen nicht mehr damit beruhigen, dass sie ihre Kinder mit Spielsachen überhäufen, statt für sie mit Leib und Seele da zu sein. Auch der Patenonkel wüsste, dass er kein Geschenk mitzubringen braucht, sondern lediglich viel Zeit – Zeit, um Geschichten zu erzählen, Klavier oder Theater zu spielen ... Zeit fürs Kind!
Wir schenken Kindern viel, was sie nicht brauchen, und es entgeht uns das, was sie brauchen – die vorbehaltlose Liebe, eine Liebe, die wir von unseren Kindern, den »Gästen, die nach dem Weg fragen«, lernen können. Vom ersten Augenaufschlag eines Kindes fließt die Liebe, nur lassen wir uns viel zu selten von ihr berühren und umfangen.
»Der Nächste ist zunächst nicht die große Welt da draußen, sondern vorerst die kleine Familie, in der wir lieben lernen können«, meint Jirina Prekop zuversichtlich und vertraut uns in diesem Buch ihr Leben und ihre Arbeit an.

Ingeborg Szöllösi

DAS WACHSEN

Therapeuten geben in der Regel nichts von sich preis, verbergen sich hinter der Couch. Sie, Frau Prekop, bringen sich hingegen voll und ganz ein, sind involviert, oftmals sehr betroffen und zeigen dies auch. Inwiefern profitieren Ihre Patienten von Ihrer sehr persönlichen Vorgehensweise?

Manche Therapeuten machen es mir zum Vorwurf, dass ich mich so sehr in den therapeutischen Prozess einbringe und nicht von einer höheren therapeutischen Warte aus die Menschen, die zu mir kommen, behandle. Aber das gehört zu dem, was ich unter Ganzheit verstehe – von meiner eigenen Gefühlswelt kann ich mich auch während meiner Arbeit nicht abspalten, ich trete überall als ganzer Mensch auf. Und es ist allgemein bekannt: Man kann einen Menschen nur dann verstehen, wenn man Ähnliches erlebt oder reflektiert hat. Wenn das aufrichtig ist, was ich erlebt habe, und das, was der Klient erzählt, auch aufrichtig ist, dann sind wir miteinander verbunden, dann können wir uns besser verstehen. Damit ein Mensch sich mir öffnet und mir gerne sein Leben erzählt, biete ich ihm auch gerne meine Lebensgeschichten an. Ich zeige mich ihm.

Zwischen Ihnen und Ihren Klienten gibt es also kein Gefälle ...

Ich hasse die Hierarchiebildungen – wenn Therapeuten, Erzieher, Psychologen, Helfer meinen, sie wären den Menschen, die zu ihnen kommen, überlegen und wüssten über alles Bescheid. Sie nehmen dann meist die unpassende Rolle eines Richters ein, der seine Klienten verhört, und merken es womöglich gar nicht. Die »Verhörten« fühlen sich demzufolge nicht auf der gleichen Ebene, sie sind nicht ebenbürtig. – Ich aber möchte nur auf dieser ebenbürtigen Ebene mit Menschen umgehen, und die Kinder schließe ich da mit ein. Selbst Eltern behandeln ihre eigenen Kinder nicht als ebenbürtige Wesen und achten sie nicht so, wie es sich gebührt. Sie vergessen dabei, dass sie von diesen kleinen Menschen nur ihre langjährige Lebenserfahrung unterscheidet. Auch mich trennt im Wesen, in meinem innersten Kern nichts von meinen Klienten, nur habe ich einfach durch meinen speziellen Lebensweg und meine Ausbildungen eine fachliche Kompetenz entwickelt, die mich von ihnen unterscheidet – mein therapeutisches Wissen und Können wird geschätzt und deshalb wird das Gespräch mit mir gesucht. Aber der Suchende ist für mich ein gleichwertiger Partner.

Inwiefern profitieren Sie selbst von dieser Haltung?

Als ich mit behinderten Kindern arbeitete und deren Eltern begleitete, habe ich wahrscheinlich das Wesentliche für meine therapeutische Arbeit gelernt – ich habe gelernt, was vorbehaltlose Liebe ist: Das Kind wird nicht geliebt, weil es schön, fleißig, hilfsbereit ist, alles nur gut und richtig macht, sondern es wird geliebt, *obwohl* es speichelt, hinkt, schreit, um sich schlägt, geistig zurückgeblieben ist. Das ist eine Liebe, die keine Bedingungen kennt und keine Bedingungen stellt. Und das ist eine Liebe, die wir alle brauchen – vor allem wenn wir uns in einer Krise befinden, wenn wir uns minderwertig und von unserer Umgebung abgeschrieben fühlen, genau in solchen Augenblicken sind wir – wie die behinderten Kinder – abhängig von »Spezialisten«, und das sind Menschen, die den wahren Wert der Liebe erkannt haben und ihn leben.

Wann haben Sie angefangen, mit behinderten Kindern zu arbeiten?

Meine erste Arbeitsstelle als Psychologin hier in Deutschland war in einem Behindertenheim bei Würzburg, aber ich blieb da nicht lange. Diese neue Einrichtung versuchte ein Pfarrer mit einem Stab von Nonnen aufzubauen, und meine Meinungen stimmten viel zu oft mit jenen der obersten Schwester nicht überein. Also war es für beide Seiten gut, unser Arbeitsverhältnis schon in der Probezeit zu beenden. Für mich war das keine Tragödie, weil es damals für Psychologen genügend Arbeitsplätze gab. So kam ich in die evangelischen Mariaberger Heime auf der Schwäbischen Alb und arbeitete dort im diagnostischen und therapeutischen Zentrum. Die verschlossenen Autisten bedeuteten für mich das größte Geheimnis, weil man mit ihnen gar nicht kommunizieren kann. Ich hatte ja bis dahin auch eine Menge Lebenskrisen durchgemacht, aber die erschienen mir nun alle lächerlich, verglichen mit den Krisen, die die Mütter dieser autistischen, behinderten Kinder erlebten. Kommunikation ist fast unmöglich, sodass die Mütter ihre Kinder nur mit dem Herzen verstehen können. – Dann wurde ich auch oft

Zeugin der vielfachen Konflikte, in denen sich die Eltern behinderter Kinder befinden, wenn sie beschließen, sie in ein Heim zu geben. Das ist äußerst schwer für sie, und da die meisten die Verantwortung für ihre Kinder nicht abgeben können, wünschen sie sich, dass die Kinder vor ihnen sterben mögen. – Diese Jahre bereicherten mich um viele wertvolle Erfahrungen.

Man pflegt zu sagen, Psychologen würden deshalb Psychologie studieren, um ihre eigenen psychischen Verstrickungen und Problematiken zu erkennen und zu verstehen. Inwiefern hat Ihnen Ihre therapeutische Arbeit in Ihrem eigenen Leben geholfen?

Ja, das stimmt, viele studieren Psychologie, um besser mit sich klarzukommen. Und ich profitiere von meiner Arbeit auch für mich selbst. Mein Selbsterkenntnisprozess ist noch lange nicht abgeschlossen – er wird wohl bis zu meinem letzten Atemzug währen.
Ich reflektiere immer, wenn mir jemand was über sein Leben erzählt, wie es bei mir und meiner Familie war. Denn die Analogien suche ich bei den Fällen, die ich am besten kenne. Und das bin in erster Linie ich selber oder es ist der Kreis meiner engsten Verwandten und Freunde. Eine objektive Aussage wage ich erst dann, wenn ich an sehr vielen bekannten Fällen ähnliche Phänomene und Dynamiken festgestellt habe. Aufgrund dieser Beobachtungen entwickle ich letztlich eine Behandlungsmethode, die in den meisten Fällen geholfen hat.

Wie kam es, dass Sie eine beratende Tätigkeit ergriffen haben?

Meine beratende Tätigkeit fing ich lange vor meinem Studium an, weil ich mir schon als Kind Gedanken machen musste, wie ich mich meinem Vater und meiner Mutter gegenüber zu verhalten habe, damit ich ihre Liebe spüre. Ich sah mich mit vielen Fragen konfrontiert: Warum achtet meine Mutter meinen Vater nicht? Warum hat sie ihn eigentlich geheiratet, wenn sie ihn nicht wirklich liebt? Dauernd verglich sie mich im negativen Sinne mit ihm: »Du hast zwar das Äußere von mir, aber den Charakter von deinem Vater! Sei vorsichtig, dass du nicht so wirst wie dein Vater!« Durch meinen Schmerz, den Vater durch meine Mutter nicht ganz akzeptiert zu sehen, habe ich unbewusst Schuldgefühle gegenüber meiner Mutter auf mich geladen. Meinen Vater trug ich ganz heimlich in meinem Herzen.
Meine Schwester wurde sehr bewundert, ich aber fühlte mich als Kind der zweiten Klasse, das auf diese Weise viel zu früh darüber nachdenken musste, was in seiner Umgebung eigentlich los ist. Es war das längste Praktikum meines Lebens – ich übte mich in der Beobachtung und versuchte alles zu verstehen. Frühzeitig musste ich also eine geübte Beobachterin von Beziehungszusammenhängen werden, damit ich überhaupt überleben konnte. Und dann suchte ich mir viele Freundinnen und Freunde, die jünger waren – und es mussten jüngere Kinder sein, da ja meine Schwester die Ältere war und ich mich von der Unterdrückung durch sie befreien wollte; ob ich wollte oder nicht, sie machte sich zu meiner Beraterin, war immer vernünftiger und wusste immer alles besser.

Sie haben sich also auf die Seite Ihres Vaters geschlagen. Wie war diese Beziehung?

Mein Vater war ein gütiger Mensch, den sehr viele Menschen mochten. Kaum witterte ich eine Gefahr, die auf ihn zukommen könnte, beispielsweise, dass meine Mutter ihm aus irgendeinem Grund Vorwürfe machen könnte, versuchte ich, die Mutter von ihm abzulenken, und unternahm irgendetwas, um sie auf eine charakterliche Eigenschaft von mir, die ja eigentlich vom Vater war, aufmerksam zu machen. Das ist eine systemische Gesetzmäßigkeit, die ich eben auch aus meiner eigenen Familie kenne: Wenn die Mutter den Vater kritisiert oder ihn sogar entwürdigt, bemüht sich ein Kind mit ihm eine Koalition zu bilden und den mangelnden Bezug der Mutter zum Vater auszugleichen.

Mein Vater hatte seine Familie gern und war sehr stolz auf seine zwei Töchter. Aber es kümmerte ihn wenig, in welche Klasse wir gingen, was für Noten und Freunde wir hatten. Er schlug uns auch nie.

Sie waren dann also Papas Liebling?

Das ist schwer zu sagen. Weil meine Schwester Mamas Liebling war, blieb mir nichts anderes übrig, als mich an meinem Papa festzuhalten. Er liebte uns beide gleichermaßen, aber ich glaube, er bewunderte meine ältere Schwester mehr als mich: Sie konnte nämlich schon mit drei Jahren lesen, mit vier schreiben, und später fing sie sogar an zu dichten. Auch war sie sehr hübsch und dazu noch so begabt – ihr Abitur schaffte sie mit lauter Einsern. Die Wahl eines Studienfachs fiel ihr dann deshalb so schwer, weil sie ohne weiteres Medizin, Architektur oder auch Fremdsprachen hätte studieren können. Bis heute ist sie ein wandelndes Universallexikon. – Klar bewunderten die

Kameraden in der Kneipe meinen Vater, dass er so eine geniale Tochter hatte. Alle dachten, dass sie einmal die Stadt Prostějov berühmt machen wird.
Ich aber liebte heimlich meinen Papa und verteidigte ihn, wo ich nur konnte. Von ihm übernahm ich auch einige meiner Charakterzüge wie zum Beispiel Toleranz im Umgang mit anderen Werten und Kulturen; Solidarität mit allen Ideen und Gedanken, die einem wesentlich erscheinen, und den Mut, diese nicht zu verraten, selbst wenn sich einem viele äußere Hindernisse in den Weg stellen; eine lockere Beziehung zum Geld; Großzügigkeit bis zur Verschwendungslust und die Freude am Genuss von guten Gesprächen, gutem Wein und gutem Essen.

Sind Sie sich irgendwann mal etwas näher gekommen, sodass er Ihre Gefühle für ihn wahrnehmen konnte?

Dazu fällt mir eine lustige Geschichte ein. Ich sollte einmal, kurz vor meinem Abitur, die ganzen Sommerferien bei meinem Papa in Bruntal verbringen, um mich von meiner überstandenen Tuberkulose-Erkrankung zu erholen. Diese Stadt liegt am Fuß des Altvatergebirges, sodass ich bei der Arbeit draußen genug frische Luft bekam. Ich sollte hier nicht faulenzen, sondern dem Papa bei einem Großauftrag helfen – er arbeitete auch hier als Bauunternehmer. So hielt ich ihm beispielsweise beim Ausmessen einer Brennerei das Messband. Am Anfang war er etwas skeptisch – er überlegte wohl insgeheim, ob mein gesundheitlicher Zustand nicht bloß ein Vorwand für eine Spionagemission sein könnte: Vielleicht hatte mich meine Mama nur deshalb zu ihm geschickt, um ihn zu verfolgen ... Jedoch sehr bald sollten sich seine Bedenken verflüchtigen.

Zur Begrüßung wurden wir ins Labor der Brennerei eingeladen, wo wir verschiedene Sorten Schnäpse degustieren sollten. Das war ganz lustig, aber weil wir beide leicht beschwipst waren, ließen wir die Arbeit ruhen und gingen stattdessen ins nächste Café. Damals wurde ihm endlich klar, dass ich ihm ähnlich bin, dass ich zu ihm halte und ihm treu bin. So viele Jahre hatte er also gebraucht, um meine Liebe endlich zu entdecken! Nachdem wir den Weg zueinander gefunden hatten, dauerte unsere gute Beziehung bis zu seinem Tod.

Wie kamen Sie dazu, Psychologie als Studienfach zu wählen?

Das ist eine längere Geschichte, die mit einer zunächst eingebildeten, letztlich aber wirklichen Krankheit anfängt. – Ich hatte Angst, das Abitur wegen Mathematik nicht zu schaffen. Eines Tages sagte ich dann zu meiner Mutter, ich geh nicht in die Schule, weil ich Fieber habe. Meine Mutter hat mir dann das Fieber gemessen und in der Tat: Ich hatte leicht erhöhte Temperatur. Am nächsten Tag war sie noch höher, und von einem Tag auf den anderen stieg das Fieber und stieg, ohne dass ich irgendwelche Schmerzen gehabt hätte. Der Arzt diagnostizierte TBC. Er meinte, dass ich von Glück sprechen kann, über so ein gutes Körpergefühl zu verfügen. Hätte ich nämlich die langsam steigende Temperatur nicht beachtet, wäre dies wohl mein Tod gewesen: Der TBC-Schatten befand sich in unmittelbarer Nähe der Aorta. Bei seinem Durchbruch wäre auch die Aorta in Mitleidenschaft gezogen gewesen. Wie gut, dass ich das Mathe-Abitur schwänzte! In allem Bösen ist immer auch etwas Gutes.

So kam es, dass ich ein Jahr versäumte. In diesem freien Jahr habe ich Unterschiedliches gemacht: einen Kochkurs, in einer Firma war ich in der Presseabteilung Textverarbeiterin, und ich hatte Lust, Journalistin zu werden, in die Welt zu gehen – am liebsten weit, weit weg, nach Indien, denn Extreme haben mich schon immer angezogen –, um über ferne Länder, Politik, Sitten und Gebräuche zu schreiben. Aber es gab damals keine Hochschule für Journalistik. Dann dachte ich, ich studiere: Philosophie und Psychologie. Da ich auch vom Theater so begeistert war, trug ich mich mit dem Gedanken herum, eine Psychologie der Schauspielkunst zu entwickeln: Wie sich der Schauspieler einfühlen muss in seine Rolle, welche große Bedeutung die Empathie dabei spielt ... Von all dem ist die Empathie in meinem weiteren Leben ein wesentliches Thema geblieben. Die Welt des »Als ob«, die Welt der Bühne, die Darstellung im Äußeren – das faszinierte mich damals. Und ich brauchte noch lange, um in die Tiefe der Wirklichkeit einzutauchen.

Sie haben sich dann Psychologie zum Hauptfach auserkoren – und sind dabei geblieben.

So einfach war der Weg nicht. Er begann nämlich in den sehr dramatischen Jahren nach dem kommunistischen Umsturz. Im Jahre 1948 wurde die Demokratie in der Tschechoslowakei bekämpft. Das gesamte öffentliche Geschehen geriet unter die Diktatur der Partei, und der zentralistischen Kontrolle entgingen auch private Personen nicht. Ein Jahr darauf kam ich mit meinen total entgegengesetzten Idealen und Visionen an die marxistisch werdende Universität.

Dass es die Intellektuellen schwer hatten, weil sie als die potenziellen Kritiker des Systems von der Zentralmacht als moralisch verdorben, dekadent und gegen die marxistisch-leninistische Ideologie eingestellt gehalten und deshalb verfolgt wurden, galt damals für den ganzen Ostblock Europas. Niemand durfte seine eigene Meinung laut äußern. Hierbei waren sich die diktatorischen Regime sehr ähnlich, sowohl das nazistische als auch das kommunistische. Wie ging es Ihnen als Studentin? Bekamen Sie den Druck des steten Kontrollierens und Säuberns zu spüren?

Und ob! Ich bekam den Druck vielleicht noch um einiges drastischer zu spüren als die Erwachsenen, die schon »vernünftig« oder feige geworden waren. Jugendliche versuchen immer, unabhängig von fremder Meinung zu leben und frei ihre Wege zu gehen. Mein innerer Widerstand war damals auch deswegen viel größer, weil ich meine nicht gelebte Trotzphase und Pubertät aufzuholen hatte. Diese wesentlichen Widerstandsphasen habe ich mir im Kindes- und Jugendalter nie erlaubt, um nicht noch weniger geliebt zu werden, als ich mich eh schon fühlte, und auch um meiner geliebten Mutter in ihrer Verzweiflung nicht noch mehr zuzusetzen. Allerdings lässt sich eine angeborene Dynamik der Persönlichkeit nicht für immer unterdrücken. Diese wuchtige Dynamik ist bei mir auch durch meinen Enneagrammtypus Acht begründet. Für die »Achter« ist typisch, dass sie überall auffallen. So ging es mir dauernd, ob ich es wollte oder nicht, das ganze Leben lang: von dem dicken, verschwitzten, seine Hemmungen mit Clownerien überspielenden Kind bis heute. Selbst in den Radarfallen falle ich auf.

Damals an der ideologisch missbrauchten Universität bekam ich jede Menge Anlässe, um mich ganz bewusst quer zu stellen und aufzufallen. Zum Verhängnis wurde mir auch, dass ich in Olmütz an einer kleinen Universität studierte, und nicht in Prag. In Prag hätte ich mich unter den Hunderten von Studenten verstecken können, aber in Olmütz waren wir in meinem Studienjahrgang nur zu neunt. Davon waren sieben fanatische Kommunisten und schlichte Jasager. Schon das Studium der Philosophie war eine wahre Löwengrube, in der jeder hineingeratene Daniel ins Auge stechen musste. Nicht an der medizinischen Fakultät oder der technischen Hochschule wurde der ideologische Kampf geführt, sondern eben hier, am philosophischen Lehrstuhl, zu dem auch die Psychologie gehörte. Den Spitzenideologen war bewusst, dass der »dekadente« Okzident die besten Philosophen (Meister Eckhart, Hegel, Kant, Husserl usw.) und Psychologen (Freud, Adler, Jung usw.) zu bieten hat. Einem ehrlichen Pädagogen musste ziemlich bald klar sein, dass Studenten sich für das sozialistische Göttertrio Marx/Engels/Lenin kaum begeistern können.

Wie hat sich der ideologische Kampf ganz konkret ausgewirkt?

Am Anfang meiner Studienzeit unterrichteten noch alte, angesehene Professoren, aber in meinem zweiten, dritten Semester wurden sie als idealistische Klassenfeinde entlassen, und es kamen statt ihrer lauter charakterlose Laien, die von Psychologie und Philosophie keine Ahnung hatten. Ein Gymnasiallehrer mit dem Fach Latein bekam damals eine Professur und wurde Leiter unseres Lehrstuhls, und das nur, weil er ein hohes Tier in der Kommunistischen Partei war und außerdem ein enger Mitarbeiter der StB (geheime Staatspolizei, so wie die Stasi). Erst viele Jahre danach, nach der Samtrevolution im Jahre 1989, kam heraus, dass er die Beamten von der StB lehrte, wie man die Verhafteten zu einem Geständnis zwingen kann. Er war also so etwas wie ein Inquisitor. – Und ausgerechnet an diesem Mistkerl musste ich meinen Kampfgeist beweisen! Seine Vorlesungen besuchte ich nicht, und wenn er mich nach dem Grund fragte, antwortete ich frech, dass es sich nicht lohne, weil es unter meinem Niveau sei. Das war keine arrogante oder anmaßende Haltung meinerseits, sondern die pure Wahrheit. Wir haben nichts, aber auch gar nichts über die Psyche gelernt, nur über die Neurophysiologie nach Iwan Petrowitsch Pawlow und seine Lehre über die unbedingten und bedingten Reflexe. Statt über die Entwicklung des Kindes etwas Wesentliches zu hören, haben wir Frösche im anatomischen Institut sezieren müssen. Die Psyche ist nichts anderes als Materie, hieß es. Und fertig, basta. Darüber gibt es keine Diskussion. Und wer sie möchte, ist ein Klassenfeind.

Wo haben Sie sich eigentlich das Fundament Ihres theoretischen Wissens erworben? Ihr Verständnis für Entwicklungs- und Tiefenpsychologie, Phänomenologische Philosophie usw. – wo haben Sie es her? Oder kamen Sie mit alldem erst nach Ihrer Flucht aus der Tschechoslowakei in Berührung?

Ich staunte selber, als ich mit 41 Jahren in den Westen kam, dass mir bis auf die Statistik und die neuen psychotherapeutischen Methoden fast nichts entgangen war. Während des offiziellen Studiums an der Olmützer Universität und in all den Jahren danach habe ich mich sozusagen im Untergrund weiterbilden können, indem ich mit verbotenen Fachleuten versteckte Kontakte pflegte und mir sämtliche verbotenen Bücher besorgte. Und da ich zum Glück ausreichend Deutsch konnte, las ich die deutschen Autoren alle im Original. Die weniger umfangreichen Bücher vervielfältigten wir mit der Schreibmaschine und verbreiteten sie auf diese Weise unter Studenten. Davon haben natürlich unsere so genannten Professoren nichts gewusst – vor allem der eine, den ich bereits erwähnte. Dadurch, dass er durch den »Heil bringenden« Marxismus verblendet war, hat er auch nicht erkennen können, welche philosophische Ader mich angesteckt hatte. Aber er ahnte das Klassenfeindliche in mir.

Wie endete das dann für Sie?

Wir wurden Feinde! Allerdings hatte ich die schlechteren Karten in der Hand. Er sorgte dafür, dass mir trotz aller erfolgreich abgelegten Prüfungen einschließlich meiner gut verteidigten Diplomarbeit das Diplom nicht ausgehändigt wurde. Das war seine Rache. Das Diplom wurde mir erst nach 19 Jahren anerkannt, als ich schon im Westen war und in meiner Heimat die politischen Verbrechen einigermaßen ans Licht gekommen waren. Ganz und gar sind sie jedoch bis heute nicht aufgedeckt. Vergleichen kann man es mit dem Nationalsozialismus in Deutschland. Es hat sehr lange gedauert, bis man dazu stehen konnte. Eigentlich dauert dieser Prozess immer noch an – hier wie auch dort.

Ich kann noch von Glück sprechen, dass ich nicht eingesperrt wurde. Ich durfte aber keinesfalls in meinem Fach arbeiten, um die sozialistischen Bürger ja nicht mit meiner antikommunistischen Ideologie anzustecken. Rückblickend meine ich, dass der Knast auch kein Unglück gewesen wäre.

Was haben Sie dann nach Ihrem Studium überhaupt gemacht?

Zunächst blieb ich in Olmütz und setzte meine Rebellion mit gleich gesinnten Freunden in Cafés fort. Diese Freunde waren mein Halt: Sie bestätigten mir, dass ich Recht habe. Eigentlich haben wir uns gegenseitig bestätigt. Und die Lage wurde für uns immer prekärer. Wir befanden uns immer noch in der Löwengrube: In dieser Stadt kannte jeder jeden. Hier bot sich kaum Gelegenheit, sich vor den eifrigen Hütern des Sozialismus und vor der StB zu verstecken. Ich wurde immer mehr zum Außenseiter. Eine Ausgestoßene.

Dieses Lebensgefühl war vielschichtig: Nicht allein aus meinem Berufsfeld wurde ich ausgestoßen, ich wurde zur selben Zeit auch von Tomáš, meiner größten Liebe, verlassen. Warum er sich wohl von mir trennen wollte? Er hatte mich doch über alles geliebt, so wie ich ihn. Er gab mir darüber keine Erklärung, und ich verlangte sie auch nicht. Als ich seine Distanz spürte, zog ich mich still zurück. Der Schmerz war kaum zu ertragen. Lieber sterben, als ohne Tomáš leben, dachte ich. Mit der Zeit milderte sich der Schmerz, aber ich spüre ihn eigentlich bis heute noch. Erst als wir uns nach vielen Jahren getroffen haben, erfuhr ich den Grund, weshalb er sich von mir distanziert hatte. Er habe von jemandem, der mich nicht mochte, erfahren, dass ich fremdgehen würde. Fehlanzeige! Er war so tief verletzt, dass er sich nicht imstande sah, zu prüfen, ob diese Information auch wirklich stimmte. So igelte er sich ein und verstummte. Und ich auch. Wenn wir bloß damals von der Chance der emotionalen Konfrontation gewusst hätten, die ich heute therapeutisch vermittle!

Als Sie sich wieder getroffen haben, blühte da die Liebe wieder auf?

Die Liebe verwelkt nicht. Aber in der Zeit unseres Treffens hatte Tomáš eine eigene Familie mit zwei Töchtern. Die Ehe war zwar nicht glücklich, aber ich wollte dem nicht noch die Krone aufsetzen. Mein Gewissen hätte es nicht erlaubt, den Kindern ihren Vater zu nehmen. So trennten wir uns wieder. Immerhin aber wussten wir von unserer Liebe. Später scheiterte seine Ehe sowieso. Damals war ich aber schon auf der anderen Seite des Eisernen Vorhangs. Durch eine gemeinsame Freundin haben wir uns grüßen lassen, und so erfuhr ich, dass er infolge eines schweren Herzinfarkts krank war und er mich gerne noch mal hätte sehen wollen, nur starb er leider, und wir haben uns nicht mehr gesehen. Er starb ganz einsam. Seine Todesanzeige hatten weder seine Frau noch seine Töchter unterschrieben, nur seine Schwester.

Kehren wir zurück in Ihre jungen Jahre, als Sie sich so ausgestoßen fühlten. Wie ging es weiter?

Es war im Jahre 1953 – die schlimmste Zeit der roten Diktatur. Denunzierungen, Säuberungen, Verhaftungen, Hinrichtungen von Regimegegnern waren an der Tagesordnung. Jeder Zweite war Mitarbeiter der StB. Man konnte niemandem glauben. Aus Angst vor der Verhaftung wurden sogar Eltern von den eigenen Kindern angezeigt. Die Gehirnwäsche war erschreckend. Unser Freundeskreis hatte sich zwar verschmälert, die treuesten aber sind geblieben. Von den männlichen Freunden habe ich die homosexuellen Männer bevorzugt. Denn ich hätte mit keinem anderen Mann außer Tomáš schlafen können. Uns allen brannte in Olmütz der Boden unter den Füßen. So fingen wir an, von einem Ausbruch zu träumen, ein Leben auf dem Lande, so, wie es Tolstoj in Jasnaja Poljana geführt hat. Wir wollten eine Kommune gründen und laut dem Motto »Back to the nature, back to the roots!« leben. Den Hippies waren wir schon Ende der Fünfziger voraus!

Und schließlich verließen wir zu viert die Stadt und gingen ins Sudetenland. Wohin sonst? Die Staatsgrenzen waren hermetisch abgesperrt. So wählten wir als Asyl eine Ecke am Rande Tschechiens, wo sich die Füchse gute Nacht sagten. Hier lebten nur die Ausgestoßenen: ein paar Deutsche, die der Vertreibung entgangen sind und sich trauten, deutsch zu sprechen, tschechische und slowakische Einwanderer, manche davon waren Kriminelle, die sich in verlassene deutsche Häuser einquartiert hatten, als wären sie ihr Eigentum, orthodoxe Pfarrer mit ihren Familien, die von den Kommunisten aus ihrer ukrainischen Heimat verbannt worden waren, Zigeuner.

Hier angekommen mussten wir nun auch Geld für unseren Unterhalt verdienen. Es bot sich uns eine Chance, als Grundschullehrer zu arbeiten. Es herrschte nämlich ein Mangel an Lehrern. Weil sie uns so sehr brauchten, haben sie auf die Prüfung unserer Herkunft zunächst verzichtet. Unsere Schulzeugnisse haben gereicht. Darunter hatte ich ein Zeugnis von einer Abschlussprüfung an einer pädagogischen Hochschule, die ich in meiner Anfangszeit an der Universität nur so nebenbei abgelegt hatte. Darüber hinaus haben wir gehofft, dass die StB uns vielleicht vergisst, wenn wir aus Olmütz verschwinden, oder dass sie uns hier so schnell nicht findet.

Ein Abenteuer also. So etwas wie ein selbst gewähltes Lager für Verbannte, wie es sie in Sibirien gab oder eine Art Flucht in den wilden Westen? Oder eine idyllische Inselwelt mitten in der stürmischen, rot gefärbten See?

Ja, so eine Gratwanderung zwischen rosarot und schwarz, zwischen Traum und Alptraum. Unsere »Hippie«-Beziehungen waren etwas realitätsfremd, aber die Wirklichkeit waren die vielen Menschen um uns herum, die einen Halt und einen Neuanfang suchten: Kinder sowie Eltern. Die Arbeit, die wir für diese Menschen leisteten, war gelebte Wirklichkeit. Was haben wir für sie alles über den Schulunterricht hinaus unternommen! Laienschauspiele unter unserer Regie eingeübt, eine Ortsbibliothek aufgebaut, den erwachsenen Zigeunern Schreibkurse erteilt, mit ihnen eine Zimbalkapelle gegründet und Volkstänze eingeübt, Konzerte in umliegenden Dörfern veranstaltet, miteinander gefeiert, dazwischen auch immer wieder und immer häufiger Beratungsstunden für Menschen mit familiären Problemen durchgeführt. Drei Jahre haben wir diese heile Inselwelt genossen.

Es nahm in dem Augenblick ein Ende, wo wir als die Extremen und die angeblich dekadent Lebenden entlarvt worden sind. Es kam zum Eklat, als bekannt wurde, dass wir in unserer Schulwohnung eine Gruppe von Tänzern der Prager Operette beherbergt hatten. Nicht dass sie Tänzer waren, wurde uns angelastet, sondern dass sie homosexuell waren. Dazu kamen noch die politischen Einwände gegen uns – und so war es dann zu Ende mit Jasnaja Poljana! Auch unsere kleine Freundesgruppe klaffte auseinander. Ich hatte den Eindruck, dass nur noch die Dorfbewohner zu mir halten. Im heiligen Zorn nahm ich mir vor, diesen Menschen treu zu bleiben, selbst wenn ich mein

Brot nur in der hiesigen Landwirtschaftsgenossenschaft verdienen sollte. Ich tat es dann auch, wie ein Soldat nach der verlorenen Schlacht, der noch die letzte Warte hält. Es war auch die letzte Warte. Bei der Ernte stillte ich meinen großen Durst mit dem Quellwasser aus dem Walde. Die Folge war Typhus.
Ich bekam extrem hohes Fieber und litt unter Halluzinationen. Ich spürte, wie mich das Leben verlässt. Ich lag wirklich im Sterben. Zwischenzeitlich aber hatte ich sehr klare Gedanken. In diesem völlig fremden Krankenhaus kannte ich niemanden und ich war auch nicht in der Lage, meinen Eltern eine Nachricht zu schicken. Völlig verlassen lag ich nun hier. Von Tomáš, von Berufschancen, von Freunden, von meinem Stolz. Denn der Stolz hatte mich dann auch noch verlassen: Bis dahin hielt ich mich noch für die tolle Frau, die mit Würde aus der Reihe tanzt! Jetzt aber war es auch mit der letzten Zuckung der Eitelkeit vorbei. Alle Illusionen verpufften. Ich hatte alles verloren. Meine Wirklichkeit war das jähe Ende auf diesem fremden Bett. Eine vollkommene Pleite. Nun wurde ich auf nichts anderes als auf mich selber zurückgeworfen.
Das Einzige, was mir über den kraftlosen Körper hinaus geblieben war, war meine Seele. Da tauchte in mir die Frage nach dem Sinn des Ganzen auf. Wozu all das? Und ich erkannte, dass alle Wege und alle Pfade eben bis zu diesem Sterbebett geführt hatten, damit ich hier meinen Lebensauftrag erkenne und zu seiner Ausführung auferstehe. Kein Fehltritt war umsonst. Das war die Wende in meinem Leben. Ich begriff, dass die Höhenflüge des Selbst nicht nach außen geschehen, sondern dass sie sich im Inneren ereignen. Im tiefsten Inneren meiner Seele erkannte ich meinen Auftrag in diesem Leben. Und es kam mir vor, als wenn ich von diesem Auftrag schon viel früher gewusst hätte.

Auch Hiob musste fallen und schreckliche Qualen erdulden, bis er sich aufrichten konnte, um seinen eigenen Weg zu gehen. Das klingt so, als wären Sie auch »geprüft« worden. Wie ging es Ihnen dann danach?

Ab diesem Wendepunkt in meinem Leben konnte ich meinen Weg alleine und anders gehen. Vielleicht noch nicht so richtig demütig, aber bescheiden. Nicht mit Stolz, aber mit Würde. Ich kehrte in mein Elternhaus zurück. Nicht als verlorene Tochter, die sich in einer Pleite-Situation befindet, sondern mit viel Liebe im Herzen zu einer Mutter, die mich tatsächlich brauchte. Ihren verwilderten Garten verwandelte ich in ein Paradies. Dies wurde jetzt meine Asylstätte. Zum ersten Mal in meinem Leben staunte ich bewusst, wie sich die sprießenden Tulpen durch die winterliche Kruste zum Licht durchkämpfen, und das Licht genoss ich mit ihnen. – Um Geld zu verdienen, musste ich natürlich kleine Brötchen backen, denn in dieser Zeit war der ganze Staat immer noch ein einziges Gefängnis. Ich nahm jede Chance wahr, die sich mir anbot – ich arbeitete am Fließband, verpackte Werbematerial usw.

Fühlten Sie sich nicht so wie früher gedemütigt?

Ja, natürlich. Immer wieder. Ja, bis heute noch. Aber diese Übungen in Demut wurden immer heilsamer. Ich übe mich bis heute darin, jeder misslichen Lage etwas Gutes abzugewinnen.

Eigentlich geht es dabei auch um das Prinzip der Hoffnung. Die Hoffnung kann kein permanenter Zustand sein. Immer wieder muss ein Zweifel aufkommen, damit wieder Hoffnung entsteht. Das bewusste Denken in der Polarität ist für Sie typisch ...

Meine Lebensphilosophie, die allmählich in mir heranwuchs, besagt, alles als eine Herausforderung anzunehmen. So war das auch damals. Alles, was ich tat, tat ich gerne. Ich habe alle meine Rollen gerne gespielt und wollte sie perfekt spielen. Mit vollem Einsatz und Elan ging ich alles an. Meine positive Einstellung war in dieser düsteren Zeit meine Rettung, sonst hätte ich Depressionen bekommen. Allmählich wuchs mein wahres Selbstwertgefühl. Ich sammelte Erfahrungen mit verschiedenen Menschen und Berufen. Ich wusste plötzlich nicht nur theoretisch, was es heißt, als Arbeiterin mit den Händen monotone Arbeit zu verrichten.

Unter anderem war ich auch auf einer Skihütte im Altvatergebirge tätig, und dort machte ich alles, was anstand. Vor allem an diesem Ort bot sich mir die Gelegenheit, mich mit vielen Menschen auszutauschen: Ich war so etwas wie eine Wirtin, mit der man über alles sprechen kann. Das waren Gespräche, die sich oft wie eine psychologische Beratung ausnahmen. Aber das war von mir nicht so beabsichtigt – es ergab sich aus der jeweiligen Situation. Und diese Gespräche habe ich noch lebhaft in Erinnerung – es waren Gespräche zwischen Erde und Himmel, hoch oben auf dem Berg, in einer mystischen Atmosphäre und einer anderen Dimension. Schon die geographische Lage war so beschaffen, dass sie dich zu einer ungewöhnlichen Betrachtung der Menschen und Dinge inspirierte. Ich war also auch an diesem Ort nicht offiziell als Psychologin tätig, trotzdem lernte ich genau hier, was ich mein ganzes Leben lang beibehalten habe, und ich mache bis heute therapeutische Beratung auf dieser Ebene.

Das ist eine sehr menschliche, elementare Ebene.

Ja, und anders würde ich es auch nicht wollen ... Deswegen wurde für mich die Psychologie auch wichtiger als die Philosophie. Das konkrete Leben zu beobachten ist für mich wesentlicher, als sich hinter Bergen von Büchern zu verstecken. Erst wenn man das Leben intensiv beobachtet hat, kann man übers Leben philosophieren. Die Lebensschule ist weit kostbarer als die Universität. Dennoch höre ich auch nicht auf, die psychologische Wissenschaft zu schätzen. Mit ihrer Hilfe versteht man die Zusammenhänge besser: Wie der Mensch wirklich zum Menschen wird, was ihn davon abhält und wie man ihm helfen kann.

Sie haben sich etwas sehr Authentisches erhalten – halten Sie sich trotzdem auch an einige Prinzipien, wie: Der Therapeut darf während der therapeutischen Arbeit keine Betroffenheit zeigen. Er darf nicht weinen ...?

Ich weine sehr oft. Wenn ich von einem schweren Schicksal höre, wenn es mich zutiefst berührt, dann fühle ich mit, ja, dann weine ich sogar – selbst wenn ich mich in einer therapeutischen Sitzung befinde. Zum Beispiel habe ich wirklich weinen müssen, als eine Patientin mir erzählte, dass sie gar keine Spielzeuge besessen hat, aber dafür eine kleine Ente. Und als ihre Mutter sie schlachtete, um ihr Festtagsessen zuzubereiten, kam es zum großen Drama des Kindes, das auch als erwachsener Mensch diesen Schmerz nicht wirklich überwinden konnte. Wenn du dich hineinfühlst in die Lage eines Kindes, das auf Knien um das Leben dieses Entleins bittet, wenn du das

Bild in dir aufkommen lässt, dann musst du weinen. Und es ist gut, dass ich mitfühle und mich nicht scheue, dies auch zu zeigen. Aber ich muss mir dessen bewusst sein, dass ich das, was in mir vorgeht, nicht auf andere Menschen übertragen darf – ich muss die Grenze zwischen dem anderen und mir erkennen: Ich und mein Schmerz, er und sein Schmerz – das ist nicht ein und derselbe Schmerz. Ich fühle zwar Ähnliches wie der andere, trotzdem bin ich nicht er – das muss mir auf Schritt und Tritt klar sein, sonst besteht die Gefahr der falschen Identifikation – und dann verliere ich mich im anderen und kann ihm nicht helfen oder beratend zur Seite stehen.
Gefühle, Stimmungen, Situationen usw. nicht auf den anderen zu übertragen, ist ein langer Prozess – bis zu meiner Rente habe ich mich darin geübt, aber auch danach.

In Ihrem Buch Erstgeborene *schreiben Sie, dass Sie erst sehr spät die wahre Problematik der erstgeborenen Kinder erkannt haben ...*

Ja, erst nach meiner Pensionierung habe ich die Erstgeborenen wirklich verstanden. Die Problematik dieser Kinder leuchtete mir erst in dem Augenblick wirklich ein, als meine Schwester bei meiner Abschiedsfeier von der Klinik im Auftrag meiner Chefin, Mitautorin und Freundin, Christel Schweizer, einen Vortrag über unsere Kindheit hielt. Der Titel lautete: »Beichte einer Schwester«. Sie gab zu, dass sie mich immer klein machen musste, um selber stets die Große zu bleiben. Vor allen Gästen bat sie mich um Verzeihung. Erst in diesem Augenblick begriff ich ihre Problematik als Erstgeborene. Und es wurde mir plötzlich klar, dass ich bis dahin unbewusst – selbst in meiner therapeutischen Arbeit – die Spätgeborenen favorisiert hatte.

Das heißt, ich hatte mehr Verständnis für deren Problematik. Also musste ich im Nachhinein zugeben, dass ich in meiner beratenden Tätigkeit auch Fehler gemacht habe. Und darüber hinwegzuschauen, nur um sich als fehlerlos hinstellen zu können, wäre tatsächlich verantwortungslos – nicht nur den anderen gegenüber, sondern auch sich selbst gegenüber, denn es geht im Leben darum, sich selbst zu erkennen und sich näher zu kommen. Es geht nicht darum, das Bild einer perfekten Therapeutin vor sich herzuschieben.

Den sokratischen Spruch »Ich weiß, dass ich nichts weiß!« beziehen Therapeuten und Mediziner gewöhnlich nicht auf sich selbst. Man spricht wohl nicht umsonst von den »Göttern in Weiß«. Sich als »Gott« einen Fehler einzugestehen, fällt schwer ... Erregen Sie durch Ihre Art bei Ihren Kollegen nicht Anstoß?

Diesbezüglich habe ich keine Kritik erhalten. Und meine nächsten Freunde haben mich so lieb, wie ich bin. Viele schließen sich an mich an, weil sie einen Mutternachholbedarf haben. Ich selbst möchte aber nie die Ersatzmutter für jemanden sein – vor allem wenn es sich um einen Klienten oder einen Auszubildenden handelt. Im letzteren Fall bin ich sogar äußerst streng: Wenn sich jemand zur Ausbildung meldet, prüfe ich dessen Motivation haarscharf. Mit dem Satz »Du bist so mütterlich, Jirina!« – ausgesprochen oder unausgesprochen – kann alles vorbei sein. Mein Anliegen ist es nämlich, dass jeder lernt, seine eigene Mutter anzunehmen und mit ihr fertig zu werden. Mit der Zeit jedoch stelle ich fest, dass es noch eine Altersstufe runtergeht: Viele sehen in mir die Oma – das ist auf jeden Fall schon mal besser, denn mit der Oma ist man ja nicht so verquickt wie mit der Mutter; von der lässt man sich Geschichten erzählen aus den alten Zeiten und man hört ihr zu, wenn sie einen berät oder einen Vorschlag macht.

Wie? Sollte das einem ein besseres Gefühl vermitteln, mit der Großmutter als mit der Mutter verglichen zu werden?

Ja, das ist für mich sehr schön. Nur gibt es auch da eine Kehrseite der Medaille: Man merkt plötzlich, dass man als Frau nicht mehr begehrt wird. Das kann schon schmerzhaft sein, wenn man es nicht versteht, zu seinem Alter zu stehen, und ewig jung bleiben möchte. Aber jedes Alter eröffnet neue Perspektiven und neue Welten. Ein Mann, der mir heute sagt: »Jirina, ich liebe dich«, sieht und liebt in mir ganz andere Eigenschaften als ein Mann, der mir vor 40 Jahren eine Liebeserklärung gemacht hat.

Aber das Begehren ist entscheidend in der Beziehung zwischen Mann und Frau ...

Ja, nur sollte man sich nicht darauf fixieren und sich daran anlehnen wollen, als wäre man nur in jenen Augenblicken Frau, wenn man begehrt wird. – Ich habe mich auch früher nie gerne angelehnt – weder an Männer noch an Stuhllehnen. Sogar im Auto lehne ich mich nicht an.

Wie haben Sie Ihren Mann Valentin kennen gelernt?

Ich fuhr mit meiner Freundin und einem Verehrer, einem Deutschen, aus Prag nach Hause. Es war am Neujahrstag – wir hatten aber ursprünglich vorgehabt, schon am Tag davor zu fahren. Ist das nicht eigenartig?

So stiegen wir drei, durch Rotwein in eine heitere Stimmung gebracht – sonst ertrug ich nämlich meinen Verehrer, einen verrückten Musiklehrer, kaum –, in ein Abteil ein, in dem schon ein Mann saß. Er schien zu schlafen, sein Gesicht war hinter dem Wintermantel verborgen. Unser Gespräch floss nur ganz zäh, und weil uns nichts anderes einfiel, sollte ich den Text der tschechischen Hymne ins Deutsche übersetzen. Bei meiner holprigen Version »Über Tatra Donnerwetter« prustete der Herr hinter dem Mantel plötzlich laut los und schüttelte sich vor Lachen. Dann mischte er sich, indem er fließend Deutsch sprach, in unser Gespräch ein und fing an zu erzählen. Er habe einen Freund besucht, mit dem er als politischer Häftling lange im Gefängnis gesessen hatte. Dieser habe ihm Reiseproviant eingepackt, unter anderem auch Wespennester, ein köstliches Weihnachtsgebäck. Valentin aber lobte sie so sehr, als wären sie eine seltene Delikatesse und der Leckerbissen schlechthin. Dem musste ich natürlich – frech, wie ich auch damals war – widersprechen, und ich sagte ihm, Wespennester könne ich auch backen, das sei gar keine große Kunst. Er möge doch mal bei mir vorbeischauen und eine Kostprobe nehmen. – Selbstverständlich aßen wir ihm während der Zugfahrt sämtliche Nester auf.

Beim Abschied gab ich ihm meine Adresse: Falls er mal nach Prostějov kommt, um einen seiner Freunde zu besuchen – von dem hatte er nämlich auch erzählt –, könne er mich ja auch besuchen, bemerkte ich. Er aber wies diese Variante gleich zurück: »Entweder Freunde oder Weiber.«

Bald bekam ich eine Karte von ihm mit der Ankündigung seines Besuches. In Rekordzeit putzte ich das ganze Haus und backte auch die versprochenen Wespennester. Meine Mutter lag ja in Prag im Krankenhaus und konnte mir dabei nicht behilflich sein. Am Anfang wusste ich nicht, ob er sich eigentlich für mich oder doch eher für meine Freundin interessierte. Wir empfingen ihn demnach beide, doch nach einiger Zeit ging meine Freundin dann in einen Selbstbedienungsladen, um weitere Flaschen Wein zu besorgen, und in der Zwischenzeit wurde mir klar, für wen sich Valentin interessierte.

Was faszinierte Sie an ihm?

Na ja, die Slowaken sind doch anders als wir Tschechen. Sie sind so temperamentvoll wie die Ungarn. Valentin war als politischer Häftling 15 Jahre im Gefängnis, und als er da herauskam, war seine Gesundheit sehr angegriffen. Infolge seiner jahrelangen Arbeit in Urangruben ohne Schutzmittel litt er an Leukämie und etwas später an Angina Pectoris. Diesen hohen Preis musste er für seine Geradlinigkeit und seinen Mut bezahlen. Indem man den Häftlingen die Schutzmittel verweigerte, wurden sie dem Tod geweiht – auf diese »elegante« Weise richtete man sie hin, ohne sie regelrecht hinzurichten. Man nannte sie MUKL, das heißt: »Mann zur Liquidation verurteilt«. Ich bewunderte ihn als einen Mann, der für sich das Gute vom Bösen zu unterscheiden vermochte, und als Helden, der seiner Überzeugung immer treu geblieben war. Von ihm lernte ich dann, was Zuverlässigkeit und Pünktlichkeit bedeuten.
Ganz tief aber verband uns der Widerstand gegen den Kommunismus. Ende der 60er-Jahre lockerte sich allmählich der

massive Druck der Partei, das gesellschaftliche Leben liberalisierte sich und die Kultur blühte auf. Infolgedessen kam 1968 der Prager Frühling, der Millionen von Menschen wieder hoffen ließ. Die meisten Menschen – schließlich waren nur zehn Prozent der Bevölkerung Mitglieder der KP – wünschten sich eine demokratische Welt statt der erzwungenen Hegemonie der Arbeiterklasse. Seit Ende des Krieges, schon seit 23 Jahren, bemühten sich die Kommunisten, ihre Herrschaft zu sichern, aber der Prager Frühling bedeutete eindeutig, dass die rote Burg anfing zusammenzubrechen. Uns alle erfasste eine unbeschreibliche Euphorie.

Aber der Sommer 1968 brachte eine jähe Ernüchterung …

Ja, dann war leider Schluss mit lustig. Nach dem Einmarsch unserer »Brüder«, der östlichen Befreier, machte sich eine trübsinnige Stimmung breit. Jeder wusste, dass der Versuch, eine Demokratie einzuführen, damit leider gescheitert war. Manche kamen aus dem Sommerurlaub gar nicht mehr zurück, andere flüchteten ziemlich bald. Aber die meisten wollten nichts riskieren und hielten lieber wieder den Mund.
Einmal stand ich mit Valentin auf dem Marktplatz, wo wir Unterschriften gegen den Einmarsch der Sowjets und für Dubcek, damals die leitende Figur, die für Demokratisierung stand, sammelten. Diese Lüge, die russischen Panzer seien bei uns willkommen, konnten wir nicht so ohne weiteres hinnehmen. Nach ein paar Stunden wollten wir zum Mittagessen gehen, und wir suchten jemanden, der uns ablösen würde. Aber alle redeten sich nur heraus. Bei den Radiosendungen halfen uns meistens Studenten, Lehrlinge, ehemalige politische Häftlinge,

die Kumpels von Valentin und noch einige Verrückte wie ich. Viele allerdings entschuldigten sich: »Weißt du, ich muss auf meine Familie Rücksicht nehmen. Ich kann's nicht riskieren, dass meinen Kindern später die Studienmöglichkeiten verweigert werden.« Mit solchen Sätzen zogen sie sich dann zurück. Das war damals ähnlich wie in Karel Čapeks Komödie *Aus dem Leben der Insekten*, wo er bezeichnenderweise einem Mistkäfer folgende Worte in den Mund legt: »Die Familie hat ihre Rechte. Durch die Familie segnet man alles ab. Selbst wenn du stehlen würdest, hast du es doch für die Kinder getan.« – Die Feigheit und die Suche unserer Mitbürger nach Alibis unter dem Deckmantel irgendeiner Familienmoral hatten uns schockiert und sehr enttäuscht.

Ein paar Tage später brachten die Russen in meiner Stadt Prostějov drei unschuldige Menschen um, weil sie für die Durchfahrt den Weg nicht fanden und deshalb wütend das Feuer eröffneten. Die Aufforderung zum Umdrehen der Straßenschilder in Richtung Moskau wurde in der ganzen Republik bekannt, weil sie im Radio durchgegeben worden war – die Radiostation war noch in der Hand der Freiheitskämpfer. Die ganze sowjetische Panzerkolonne verhedderte sich in dem fremden, verwirrenden Straßendschungel. Als Valentin die ersten Schüsse hörte, rannte er gleich los und wollte auch kämpfen. Er dachte nämlich, dass sich der tschechische Widerstand mobilisiert habe. Na, da täuschte er sich aber gewaltig, weil die intellektuelle Elite dieser slawischen Täubchen lieber philosophiert und vom Handeln wenig hält. Die Tschechen rechtfertigten sich immer für ihre passive Haltung, indem sie sich auf ihre lange Knechtschaft unter den Habsburgern beriefen.

Wann und auf welchem Weg haben Sie sich entschieden, die ČSSR zu verlassen?

Als uns klar wurde, dass wir uns immer mehr von den Menschen entfernten, die wir eigentlich für Freunde hielten: Bei einer geheimen privaten Umfrage stellte ich fest, dass die meisten bereit waren, sich irgendwie mit der russischen Vorherrschaft abzufinden. Jeder konnte sich rehabilitieren, wenn er seine Schuld gestand und einen anderen anschwärzte, der ihn angeblich vom richtigen Weg abgebracht hatte. Und wenn er zusätzlich Reue zeigte, brauchte er auch keine Strafe zu befürchten. Er musste allerdings mit seinem gebrochenen Rückgrat bezahlen! Zum Beispiel wollte mich der Chefredakteur unserer Kulturzeitschrift, deren verantwortliche Redakteurin ich war, als die böse Anstifterin »opfern«.

So kam es, dass wir, Valentin und ich, die Hoffnung auf irgendwelche Neuanfänge verloren. Auch aus Angst vor einer möglichen Verhaftung, die mein Valentin wohl kaum noch mal überlebt hätte, beschlossen wir abzuhauen. Wir buchten eine Reise nach Italien, flogen nach Rom, aber gleich am ersten Tag unseres »Urlaubs« setzten wir uns ab. Da wir kein Visum für Österreich und Deutschland hatten, mussten wir illegal über die Grenzen. Einmal schickte uns ein Grenzbeamter zurück, aber ein paar Stunden später ignorierte er uns und so schlüpften wir nach Österreich durch. Das Wiener Bistum gab uns eine kleine Unterstützung, damit wir mit dem Zug nach Salzburg fahren konnten. Dort trafen wir Valentins ehemaligen Religionslehrer, der früher in der Slowakei die Weißen Legionen organisiert hatte. Bei Bad Reichenhall zeigte er uns einen »trockenen Weg« über die Grenze nach Deutschland, den wir zu Fuß zurücklegten, und er brachte unsere Koffer mit seinem

Auto nach. Dann besuchten wir viele unserer ehemaligen Freunde, die bereits nach Deutschland geflüchtet waren. Aber es war uns klar, dass uns nichts anderes übrig blieb, als in ein Flüchtlingslager zu gehen. Valentin wohnte in einem Zimmer mit Prager Hippies, ich mit ziemlich verdächtigen Frauen, von denen sich manche einen Millionär angeln wollten ... Wir waren damals von all den Asylbewerbern die Einzigen, die arbeiten gehen wollten. Das Sozialgeld anzunehmen war irgendwie unter unserer Würde. – Ich montierte in einer Spielzeugfabrik Kreisel, und Valentin war als Tischler auf einer Baustelle beschäftigt. Für das erste verdiente Geld kaufte er neue Gummistiefel. Bald erhielten wir Asyl, und so konnten wir gehen, wohin uns das Herz trug.

In meinen Beruf konnte ich noch nicht einsteigen. Mein Diplom wurde mir zwar anerkannt, aber mein Deutsch war noch nicht gut genug. Aber diese Freiheit, unser neues Zuhause und unsere Arbeit selbst zu suchen, empfanden wir damals als etwas Wunderbares. Valentin nahm ein Telefonbuch, schlug es zufällig auf einer Seite auf und stieß auf die Norisbank. Sie nahm uns beide auf: ihn als Buchhalter, und ich fing in der Registratur an. Damals gab es noch keine Computer, und deshalb musste ich per Hand die Kundenkarten aus den Regalen herausziehen. Dabei stellte ich fest, dass fast jeder der Bank Geld schuldete.

Ich war's von früher gewohnt, mich gut einzuarbeiten. Das tat ich auch hier, und als ich dann die Beförderung zur Buchhalterin beantragte, weigerte sich mein Chef: »Sie sind doch Psychologin, kümmern Sie sich lieber um eine Stelle in Ihrem Beruf. Sonst bleiben Sie hier für immer als Buchhalterin hängen.« Ein weiser Mann. Er war ein Sudetendeutscher, der wusste, wie es einem auf der Flucht geht.

MITEINANDER STATT GEGENEINANDER

Der Turmbau zu Babel

In den USA geht jeder zweite Mensch zum Therapeuten – Therapie ist »in« und wird allmählich zum Trendsetter ...

Ja, die Psychoszene blüht – wie Pilze nach dem Regen. Ich befürchte, es sind darunter mehr giftige als gesunde ...

Wie könnte man sich dieses Phänomen erklären?

Für mich ist es ein großes Drama der technokratischen Gesellschaft: Der Mensch verliert den Sinn für wahre Werte, und damit verliert er auch sich selbst aus den Augen. Er ist einer von vielen – und genau dieser Satz ist in unserer auf Marketing ausgelegten Gesellschaft sehr wichtig geworden: Für alle stellt man die gleichen Markenprodukte her, die dann alle heiß begehren sollen. Sämtliche Äußerlichkeiten müssen parat stehen, alle materiellen Güter müssen zu haben sein, denn der Genuss am Leben, der durch all das versprochen wird, soll garantiert werden. Wir haben zwar alle den gleichen Computer, sind miteinander sozusagen verkabelt, aber schauen uns nicht mehr in die Augen und gehen uns aus dem Weg. Das ist genau mein Bild von der Gesellschaft, die den Turmbau zu Babel in die Wege geleitet hat. In diesem Turm leben alle Menschen nebeneinander, aber nicht miteinander – die perfekt eingerichteten Etagen des Wolkenkratzers machen es möglich, dass man sich nicht begegnet und auf niemanden angewiesen ist. Autistisch lebt man vor sich hin, bis der Turm zusammenstürzt. Erst in der Krise spüren die Menschen, dass ihnen tief innerlich etwas Entscheidendes fehlt. Dann taucht meist die Frage auf: Soll das alles sein in meinem Leben?

Die Jugend vergeht, ich kann mit kosmetischen Operationen machen, was ich will, ich werde einmal alt sein und dann hat das Leben gewiss auch noch einen Sinn. Und diesen Sinn sucht der Mensch. Jeder sucht – ganz allgemein gesprochen – den »Seelsorger« in sich selbst, um den Weg zu sich selbst zu finden. Der Weg zu sich selbst führt zu den anderen und zur gesamten Welt – wir sind bedürftige Wesen: Wir brauchen Nähe und Wärme, nur dann fühlen wir uns wohl. Davon aber haben wir immer weniger.

Schon der Begriff »Seelsorger« löst bei vielen Menschen heutzutage eine tiefe Aversion aus ...

Ja, weil viele Priester sich in ein falsches Rollenspiel begeben. Aber nicht nur diese – Banker, Manager, Lehrer sind genauso betroffen. Wir leben in einer Zeit, in der viele Wölfe im Schafspelz herumlaufen, aber auch umgekehrt: viele Schafe im Wolfspelz ... Aus diesem Gedanken heraus schrieben Christel Schweizer und ich in unserem gemeinsamen Buch *Unruhige Kinder* den Dialog mit dem Herrn von Schafspelz, der den mephistophelischen Stachel in sich trägt. Da ging es uns darum, die Gefahr, in der wir leben, zu unterstreichen: In einer Welt, in der die Menschen mehr und mehr äußeren Werten nachjagen, gehen die Liebe und mit ihr das Mitgefühl und die Menschlichkeit unter.

In diesem Dialog lassen Sie den Herrn von Schafspelz die Worte verkünden: »Unter dem Deckmantel des freien Willens gebe ich mir alle Mühe, den Menschen dahin zu bringen, wo ich will. (...) Ich musste nur davon schwärmen, dass das Kind als freiheitsbedürftige Persönlichkeit zur Welt kommt und selbst am besten weiß, was ihm gut tut, und schon hatte ich ihrem allmächtigen Gott seine Gesetze verdreht und sein Gebot der Liebe außer Kraft gesetzt! Wo keine Liebe ist, gedeiht ganz leicht der Hass. Kind gegen Mutter, Mutter gegen Vater, Vater gegen Kind, Kind gegen Kind, Eltern gegen Eltern, Kinder gegen Gesellschaft – alles gegen alles – die vollkommene Zerstörung.«

Das ist die Gesellschaft des Turmes zu Babel – kein Miteinander ist möglich, nur noch ein Gegeneinander! Die Zerstörung kulminiert im Verlust der Liebe. Wenn dieser höchste Wert der Menschlichkeit verloren geht, schwindet zwangsläufig unsere Menschlichkeit.

Von älteren Menschen bekommt man oft zu hören: »Früher war alles besser«. Früher gingen die Menschen nicht so oft zum Therapeuten, waren sie aber deshalb weniger krank? Meist taten sie es nicht, weil sie die Gemeinschaft sonst sofort als Narr, als Verrückter, Deklassierter betrachtete, und dann waren sie für ihr Leben gezeichnet.

Ich möchte die alte Zeit nicht glorifizieren – da gab es viel Unfug, Not und vor allem viel Falschheit. Aber die Not hat früher die Menschen tatsächlich verbunden, nicht jeder saß wie eine Monade alleine vor dem Bildschirm und schluckte seine Antidepressiva. Man konnte aus finanziellen Gründen keine Altenheime bauen. So hatten also die alten Menschen einen Platz in der Familie – der alte Opa, die alte Oma waren noch im Haus und die Enkelkinder konnten zu ihnen gehen und sich ausweinen, wenn sie ein Problem hatten oder sie sich von den Eltern nicht verstanden fühlten. Es gab einen besseren Zusammenhalt zwischen den Generationen. Wir dürfen alte Menschen nicht ausgliedern, denn sie sind es, die durch ihre Lebenserfahrung etwas weiser geworden sind und uns oft mit einem guten Rat zur Seite stehen können. Früher hat die Oma oder der Opa die Rolle des Seelsorgers oder Therapeuten in der Familie gespielt – es musste nicht der Priester oder Therapeut herangezogen werden.

Bis heute leben archaische Völker anders als wir, die wir uns als zivilisiert halten. Alte Männer und Frauen werden dort geachtet – meist führen nämlich sie die schamanischen Behandlungen durch. Neulich traf ich auf einem Kongress eine Bekannte, die schon seit einiger Zeit bei den Tuareg in einer afrikanischen Wüstenstadt lebt. Sie teilte mir mit, dass, wenn bei diesem Stamm jemand psychisch erkrankt, hauptsächlich alte Frauen einen Kreis um den Betroffenen herum bilden und zu ganz bestimmten Rhythmen tanzen und Verse rezitieren. Diese Art der Behandlung ist auch Psychotherapie – in einem ganz ursprünglichen Sinne. Den Unterschied zwischen der spirituellen und der therapeutischen Ebene gibt es da noch nicht. Und gerade weil diese Trennung nicht vollzogen wird, ist Heilung oft möglich.

Versöhnung

Kommen ältere Menschen, wenn es ihre Kinder wünschen, gerne zu Ihnen?

Ja, ich kann auf viele gute Erfahrungen zurückblicken. Und es ist mir im Lauf der Jahre klar geworden, wie notwendig die Begegnung zwischen Eltern und Kindern, die ihrerseits auch schon längst erwachsen sind, in meiner Therapie ist. Es kam schon so oft vor, dass eine Mutter mit ihrem kleinen Kind zu mir kam, weil es äußerst problematisch sei – und es stellte sich heraus, dass nicht das Kind, sondern sie selbst Probleme hat. Die junge Mutter muss sich zuerst mit ihrer eigenen Mutter versöhnen, um selbst zu einer selbstständigen Persönlichkeit und reifen Mutter zu werden. Nicht umsonst heißt es im vierten Gebot, du sollst deine Eltern achten – wenn du dieses Gebot nicht einlöst, bleibst du in der Tat selbst immer noch in der rebellischen Kind-Rolle verfangen und überträgst deine Pro-

bleme, die du eigentlich mit deinen Eltern austragen solltest, auf deine Kinder oder deinen Partner.
Wer das Bedürfnis nach dem Vater beim Ehemann zu befriedigen sucht beziehungsweise das Bedürfnis nach der Mutter bei der Ehefrau, der kann keine reife Beziehung führen. In meiner therapeutischen Arbeit ist es sehr wichtig, diese Übertragungen den Klienten bewusst zu machen. Und wenn wir die eigentliche Verstrickung durchschaut haben, dann laden wir die Omas und Opas einfach mit in die Sitzung ein. Und die sind, bis auf wenige Ausnahmen, meist froh. Sie können nämlich auch noch was lernen.
Jeder von uns spürt bereits sehr früh, wie schwer es sich stirbt, wenn man nicht vergeben und lieben konnte. Im Leben eines jeden Menschen bleibt immer etwas Unausgesöhntes auf der Strecke. Aber Wiedergutmachungen kommen nie zu spät. Hat man sich mit den Menschen, die einen ein Leben lang umgeben haben, ausgesöhnt, dann kann man leichter gehen.

Könnten Sie einen Fall erzählen, wo plötzlich die Notwendigkeit auftauchte, die Omas und Opas einzuladen?

Zu einem therapeutischen Seminar in Basel kam ein Mann, etwa 50-jährig, der sich beklagte, er wisse ja gar nicht, wie er die »vorbehaltlose Liebe« seiner Frau und seinen Kindern zuteil werden lassen könne, er habe sie selbst nie erfahren. Seine Mutter hätte immer seinen älteren Bruder bevorzugt. Also war mir sofort klar, dass wir seine Mutter einladen müssen. – Und die 80-jährige Dame kam am nächsten Tag tatsächlich und brachte auch ihren Mann mit. Sie überraschten uns in unserem »Waldhüsli«, in dem unser Seminar stattfand, beim Frühstück –

wir waren noch alle ungekämmt und liefen barfuß auf der Veranda herum. Nun waren die alten Herrschaften da – in Kaschmirjacke und seidener Bluse, elegant und gepflegt, sodass ich mich sogar etwas schämte und meinte, ihnen gleich beteuern zu müssen: »Wir sind innerlich schon in Ordnung, nur äußerlich sind wir heute noch etwas unordentlich.«
Ich teilte ihnen kurz mit, worum es gehen wird: Mutter und Sohn legen sich auf die Matte, er unten auf den Rücken und sie hält ihn von oben fest. Ich werde ihren Sohn auffordern, seinen ganzen Schmerz, den er in seiner Kindheit nicht ausdrücken durfte oder konnte, jetzt auszusprechen, damit sich seine Mutter in ihn einfühlen und ihn jetzt endlich besser verstehen kann. Auch sie selbst wird die Gelegenheit haben, ihren Schmerz auszudrücken, damit der Sohn seinerseits die Mutter verstehen lernt. Erst wenn der Schmerz abgeflossen ist, wird die Versöhnung stattfinden können.
Darauf sagte die alte Dame spontan: »Ach, eine solche Versöhnung hätte ich sosehr mit meiner eigenen Mutter gebraucht, aber sie ist ja leider schon längst tot.« Das aber spielt gar keine Rolle, denn eine Aussöhnung kann auch unter Visualisierung durchgeführt werden. Also war es wunderbar, dass ihr Mann dabei war, denn der durfte sie nun halten, und in drei Visualisierungsschritten führte ich sie zu ihrer Mutter zurück. Im ersten Schritt bekam sie die Möglichkeit, ihren Schmerz auszudrücken: wie es ihr wehgetan hat, wenn ihre Mutter sie nicht gesehen oder sie ungerecht gestraft hat usw. Sie durfte alles ausweinen. Danach haben wir uns im nächsten Schritt der Kindheit der Mutter zugewandt, um zu schauen, weshalb sie selbst nicht mehr geben konnte, als sie gegeben hat. Das ist meist eine tiefe Einsicht, wo sich zur Gefühlsbewegung nun auch der Verstand hinzugesellt: »Ah ja, sie konnte nicht mehr

geben! Das verstehe ich!« Und wenn dann diese Einsicht das ganze Herz durchdringt, gehen wir dorthin, wo sich die Mutter heute befindet – wir treten den Weg zum Himmel an, über die höchsten Berge weit hinaus, und erreichen die Wolke sieben, auf der ihre Mutter sitzt. Dort sagt dann die Tochter folgende Worte zu ihr, indem sie ihren Kopf auf den Schoß ihrer Mutter legt: »Ich hatte es nicht leicht mit dir, aber ich bin daran gewachsen, ich habe nun auch deine Lebensgeschichte verstanden, ich nehme die Lebenskraft, die du mir geschenkt hast, an. Ich brauche nun deinen Segen!« Ich als Therapeutin lege dann die Hand auf ihren Kopf. Das ist der dritte Schritt.

Es findet also im »Himmel« so etwas wie eine visualisierte Aufstellung statt: Sie sind alle da, die Omas und die Uromas, Opas und Uropas. Sie stehen alle um den Klienten herum und wünschen ihm zum Schluss noch weitere gute Jahre auf der Erde. So kann er sich von ihnen verabschieden und versöhnt auf die Erde zurückkehren. Auch unsere alte Dame kam nach ihrer intensiven Reise zu ihrer Familie wieder in unsere Mitte, ins »Waldhüsli« zurück und hatte ihre Mutter in ihrem Herzen. Das ist ein sehr gutes Gefühl!

Plötzlich merkte ich, dass sich der Mann, der bis jetzt seine Frau gehalten hatte, auf den Bauch gelegt hatte und weinte. Ich fragte ihn, was ihn denn so bedrücke. Und dann sagte er: »Das hätte ich mit meinem Vater gebraucht! Der ist auch schon längst verstorben!« Dann bat ich einen Seminarteilnehmer, ihn zu halten und versöhnte ihn ebenfalls in drei Schritten mit seinem Vater.

Erst danach war der Himmel offen und waren die alten Eltern bereit, sich hier auf Erden mit ihrem Sohn zu versöhnen. Nach der Erfahrung, die diese Mutter mit ihrer eigenen Mutter gemacht hatte, war das gar kein Problem – sie war nun frei und empfänglich für ihren Sohn und konnte seine schlimmen Vorwürfe und seinen tiefen Schmerz aushalten. An einem einzigen Vormittag haben wir den Vater mit seinem Vater, die Mutter mit ihrer Mutter und den Sohn wiederum mit seiner Mutter versöhnt. Eine fruchtbare Nebenwirkung war dann noch, dass sich das Ehepaar trotz des hohen Alters viel näher gekommen ist.

Aber viele Psychotherapeuten vermitteln genau das Gegenteil, dass nämlich Trennung und Distanz von den Eltern notwendig sind.

Der Mensch kann sich nur dann loslösen und frei sein, wenn kein unversöhnter Schmerz bestehen bleibt. Meine Erfahrung ist, dass alle Menschen die Versöhnung brauchen. Aber vielen fehlt sie. Deswegen kommen sie gerne in festhaltetherapeutische Sitzungen. Wenn jemand dann doch nicht kommen möchte, führen wir den therapeutischen Prozess unter Visualisierung durch. Aber ich staune wirklich darüber, wie viele alte Leute gerne kommen.

Was wir ihnen allerdings im Voraus mitteilen müssen, ist, dass es uns nicht um eine Gerichtsverhandlung, um Anschuldigungen, Rechtfertigungen, Schuldzuweisungen, Opfer-Täter-Dynamiken geht, sondern es ausschließlich darum geht, den Schmerz aufkommen zu lassen, den jeder spürt, ihn zuzulassen, ihn wahrzunehmen, ihn zu konfrontieren. Will man ihn nämlich nicht akzeptieren und verstehen, dann kann man sich auch nicht der Liebe öffnen und sich in ihr vereinigen. In meiner ganzen Arbeit geht es um die Vertiefung der Liebe. Und wenn jemand stur auf seiner Meinung beharrt: »Die Liebe ist tief genug. Warum sollte ich in ein Psycho-Seminar von der

Prekop gehen?«, dann kann ich nur sagen: »Liebe kann nicht tief genug sein!«

Was tun Sie ganz konkret, damit dieser Satz plausibel wird, wenn zum Beispiel eine Mutter immer irgendwelche Ausreden findet, um mit ihrer Tochter nicht zu Ihnen zu kommen?

Da erzähle ich am besten eine Geschichte, die mir mal in Tschechien mit einer Festhaltetherapeutin passiert ist, die an meinem ersten Ausbildungskurs teilgenommen hatte. Sie wollte sich mit der Mutter aussöhnen, aber die wollte nicht. Sie lebte ungefähr 300 Kilometer weit entfernt im Erzgebirge mit ihrem Mann, einem ehemaligen kommunistischen Funktionär. Ich muss dies betonen, weil ich persönlich mit solchen Leuten gar nichts mehr zu tun haben wollte, vor denen bin ich ja in den Westen geflüchtet. Aber wenn ich den Wunsch eines Menschen vernehme, dass er die Liebe zwischen sich und den Eltern erneuern möchte oder vielleicht überhaupt erst in Fluss bringen möchte, dann ist mir alles andere unwichtig. Ich bin also über meinen Schatten gesprungen und habe mich bereit erklärt, diesen Fall zu übernehmen.

Für die Mutter schien die Reise zu ihrer Tochter zu anstrengend zu sein, sodass ich vorschlug, dass sie jemand abholen solle. Das schlug die Mutter aber sofort ab: Die Mühe solle man sich nicht machen, zwischen ihr und ihrer Tochter sei ja eh alles in Ordnung. Ganz spontan griff ich zum Telefon und sagte dieser Frau: »Wissen Sie, ich hätte Lust, selber zu Ihnen zu fahren, um mit Ihnen die heilige Anna zu feiern. Morgen ist doch der ihr geweihte Tag. Sie heißen Anna. Ihre Tochter heißt Anna, mein zweiter Vorname lautet Anna. Meine Mutter hieß Anna.« So kam es, dass ich mit der Tochter zur Mutter fuhr. Unterwegs – und ich meine, alles, was zwischendurch passiert, ist immer wesentlich, sozusagen ein Wink des »kosmischen Managements« – unterwegs also kaufte Anna an einer Raststätte ihrer Mutter eine Pralinenschachtel und eine schrecklich kitschige Puppe. Sie bemerkte so nebenbei, dass ihre Mutter nie offen und mit Freude ein Geschenk von ihr angenommen hätte – laut dem Motto »Du sollst für mich nicht so viel Geld ausgeben!«. Ihre Mutter hatte es also nie gewürdigt, dass Anna ihr was mitgebracht hatte.

Als wir ankamen, hatte ich noch mal Mühe, die Schwelle des Hauses eines ehemaligen kommunistischen Funktionärs zu überschreiten. Ich versuchte aber, mein Ressentiment nicht stark werden zu lassen, sondern nur das große Bedürfnis dieser Tochter zu befriedigen, sich mit ihrer Mutter in Liebe zu versöhnen. So ging ich mit offenem Herzen auf die Mutter zu. Wir suchten eine passende Couch im Haus, und ich bat die Mutter, ihre Tochter im Arm zu halten. »Aber wir sind uns doch nah!«, wehrte sie sich noch. »Es kann nicht nah genug sein!«, erwiderte ich.

Es war tatsächlich das erste Mal seit der Stillzeit, dass diese Mutter ihre Tochter im Arm hielt – und für die Tochter war das ein überwältigendes Ereignis, die Mutter das erste Mal so nah zu spüren, denn an ihre Zeit als Baby konnte sie sich natürlich überhaupt nicht mehr erinnern. Plötzlich spürte die Tochter, dass ihr genau diese Nähe gefehlt hatte, und obwohl wir ausgemacht hatten, dass wir es der Mutter nicht so schwer machen wollen und ich sie aufgefordert hatte, einfach den Körperkontakt zu genießen, kam das Drama doch zustande. Es schoss aus der Tochter heraus: »Du warst nie für mich da!« Und es flossen Tränen über Tränen. Die Mutter wollte sie trös-

ten: »Aber weine nicht ...« An dieser Stelle musste ich eingreifen und ihr sagen: »Nein, das brauchst du deiner Tochter nicht zu sagen. Lass sie ruhig weinen und sag ihr: ›Wein dich aus, ich bin für dich da! Ich bin deine Mutter und halte es aus!‹.« Beide haben es durchgestanden, und die Tochter konnte sich in den Armen der Mutter beruhigen: »Das habe ich so vermisst, Mama!« Als wir uns alle erhoben, um tatsächlich Namenstag zu feiern und Kuchen zu essen, hat die Mutter ihre Tochter noch mal ganz spontan umarmt.
Die Tochter überreichte ihr dann die Geschenke – die Pralinenschachtel und die kitschige Puppe. Darauf sagte die Mutter: »Ach, was für eine schöne Puppe. Und du hast sie für mich gekauft. Die bekommt einen Ehrenplatz.« Das erste Geschenk, welches sie von ihrer Tochter mit eindeutiger Freude annehmen konnte.

Sie machen also auch solche Kunststücke, fahren viele Kilometer weit, nehmen die Strapazen auf sich, nur um Menschen das Geschenk der Liebe zu bringen.

Ja, und um es selbst zu empfangen. Ich geh nie leer dabei aus – mich erfüllen und beseelen solche Augenblicke genauso wie einen Bergsteiger der Blick von der Spitze eines Berges nach einem Aufstieg voller Hindernisse.

Wie gehen Sie in solchen Fällen mit dem Vorsatz der Therapeuten um, keine Behandlung kostenlos anzubieten? Diese tschechische Familie hat Sie doch bestimmt nicht bezahlen können.

Es ist legitim, dass sich Therapeuten ihre Arbeit bezahlen lassen: Das Geben und Nehmen muss stimmig sein. Der Einsatz eines Therapeuten sollte geschätzt und entsprechend honoriert werden. Aber das Geld an sich ist nebensächlich. Und wenn ich merke, dass Menschen eine Behandlung brauchen und sie nicht zahlen können, dann möchte ich kein Honorar. Ich spüre dann, wie die Liebe in mir und um mich herum fließt – das ist dann mein Honorar. Selbstverständlich hat diese Familie nichts bezahlen müssen.

Für Sie scheint von Anfang an klar gewesen zu sein, dass der Weg, den Sie eingeschlagen haben, auch der richtige ist. Woher diese Sicherheit?

Der Beginn meiner Sicherheit, das prinzipiell Gute erkennen zu können, in dessen Dienst ich berufen und deshalb auch gut geleitet bin, geschah, als ich mit 27 Jahren an Typhus erkrankte und fast schon im Sterben lag. Durch hohes Fieber ausgezehrt, zwischen Halluzinationen und einigen seltenen klaren Bewusstseinsaugenblicken spürte ich meine tiefste Not. Ich habe das weiter oben in einem anderen Zusammenhang schon einmal erwähnt. Ich fühlte mich damals von allen und allem verlassen. Meine Eltern wussten nichts mehr von mir, weil ich mich schon lange nicht mehr bei ihnen gemeldet hatte. Meinen Tomáš hatte ich auch schon längst verloren. Alle meine Freunde waren weg. Der Freund, den ich für den zuverlässigsten hielt, brannte kurz vor meiner Erkrankung mit meinem Geldbeutel durch. Ich besaß nichts mehr außer dem Faden meines Lebens, der von Stunde zu Stunde immer dünner wurde.

Und da geschah es. Es erklang eine Stimme – ob es nun meine eigene innere Stimme war oder eine aus dem Jenseits, tut nichts zur Sache –, die mich erkennen ließ, dass mein jetziger Zustand nicht das Ende, sondern ein Neuanfang ist. So, als löste sich der Nebel plötzlich auf, so entkam ich meiner Not und fühlte mich frei. Ich sah ganz klar mein Leben vor mir: Alle Wege und Pfade, die ich bis dahin beschritten hatte, waren notwendig, um nun neue Wege einschlagen zu können, die bereits in mir angelegt waren. Meine Genesung setzte überraschend rasch ein. Meine eigenen Heilungskräfte waren nun alle mobilisiert, da eine Berufung in mir wach wurde. Seit diesem Erlebnis höre ich immer auf diese innere Stimme – sie verrät mir die Wünsche der himmlischen Regie.

Das klingt so, als würden Sie ein Gebet sprechen.

Mein Gebet ist meine tatkräftige Hingabe: Ich gebe mich einfach hin und tue dies mit all meiner Kraft! Ich komme dem entgegen, was auf mich zukommt. So einfach ist das mit meinem Beten – ich bin dankbar für den himmlischen Schutz und Lotsendienst, und ich drücke dies in meinem tagtäglichen Tun aus.

Inwiefern hilft Ihnen Ihre religiöse Einstellung in Ihrer therapeutischen Arbeit?

Es gibt wirklich Situationen, in denen mir nichts anderes übrig bleibt, als mit Jesus zu sagen: Nicht mein Wille, sondern deiner geschehe ... Wenn ich spüre, dass alle meine Bemühungen scheitern und sich die Liebe zwischen Mann und Frau oder

Mutter und Kind nicht einstellt, die Herzen nach wie vor verschlossen bleiben, dann empfehle ich sie den Mächtigeren. Und dann passiert in der Regel ein Wunder.

Könnten Sie ein Beispiel dafür nennen?

Aufgrund ihrer systemischen Verstrickung fühlte sich eine junge Mutter zutiefst verbunden mit ihrer tragisch verstorbenen Oma, sodass sie sich in ihrer Trauer mit Selbstmordgedanken befasste. Für ihren kleinen Sohn war sie seelisch nicht präsent. Selbst beim Festhalten konnte ihr kleiner Sohn sie nicht als Mama wahrnehmen. Sie schaute dauernd teilnahmslos weg. Als ich meine Ohnmacht spürte und innerlich um höhere Hilfe bat, schlief der Junge plötzlich kurz ein. Als er aufwachte, meldete er seiner Mutter freudestrahlend: »Ich habe von deiner Oma geträumt. Sie sagte mir, dass sie mir ein schönes Geschenk macht. Sie gibt mir dich, Mama.« Eine bessere Lösung hätte kein Meister der systemischen Therapie gefunden.

Um die Festhaltetherapie durchzusetzen, haben Sie anfangs viele Hindernisse überwinden müssen. Sie hatten einige Gegner, denen Sie sich, ohne zu zögern, gestellt haben.

Gegner hatte ich nicht nur in der Vergangenheit, ich habe sie auch jetzt noch. Sie wirken zwar etwas lahmer als am Anfang, aber immerhin ...

Die Gegnerschaft ist geschichtlich zu verstehen. Als ich mich für das Festhalten einsetzte, war die deutschsprachige Psycho-Szene durch die antiautoritäre und antipädagogische Welle überflutet. Das Festhalten – allein schon der Name dieser Therapieform – löste sofort Angst vor einer Rückkehr der schwarzen Pädagogik aus. Als eine Befürworterin dieser fiel ich in Verruf.

Nach weniger als drei Jahrzehnten wurde allerdings an der Ernte sichtbar, wie giftig der Samen der ausschließlich antiautoritären Erziehungswelle war. Flächendeckend wurden die Kinder haltloser und immer aggressiver. Besonders praktizierende Pädagogen, und nicht die universitären, haben die Notwendigkeit der Grenzen in der Erziehung erkannt und danach gesucht. Mit dem Buch *Der kleine Tyrann* war ich die Erste, die sich in das Wespennest wagte und die Stiche zu spüren bekam. Zwischenzeitlich erschienen viele Erziehungsbücher, die sich für Grenzen einsetzten.

Heute sind Festhaltetherapeuten äußerst gefragt, weil es viele Kinder gibt, die ohne mutter- beziehungsweise vaterähnlichen Körperkontakt nicht zu steuern sind. Die Festhaltetherapie hat jetzt Konjunktur: Bei meinen öffentlichen Vorträgen, und die halte ich fast täglich, merke ich, wie positiv das Festhalten wahrgenommen wird. In Diskussionen bekam ich schon jahrelang kein Kontra mehr.

Trotzdem habe ich Gegner, allerdings treten die nur noch im Internet auf, oder aber sie bekunden ihre Gegnerschaft in ihren Schriften. Wenn ich mir dann die Literaturliste, auf die sie sich stützen, anschaue, merke ich, dass sie sich auf meine ersten Bücher berufen, also auf die »Steinzeit« der Festhaltetherapie, in der ich wirklich auch viele Fehler gemacht habe. Sie tun so, als würden sie meine tatsächlichen pädagogischen Ansichten, die von der schwarzen Pädagogik weit entfernt sind, nicht kennen. Sie erwähnen mein Buch *Kinder sind Gäste, die nach dem Weg fragen* nicht einmal in einem Nebensatz. Wenn ihnen mindestens dieses eine Buch von allen meinen späteren Büchern bekannt wäre, müssten sie wohl ihre Ansichten ändern. Die Absurdität ihrer Kritik lässt sich mit der Bemühung vergleichen, an einem heutigen Mercedes unbedingt die gleichen Fehler entdecken zu wollen, die er vielleicht mal vor 30 Jahren hatte. Merkwürdigerweise ist meinen Gegnern auch die gesellschaftliche Entwicklung in der Erziehungsszene entgangen. Leider ist heute die allgemeine Aversion gegen die schwarze Pädagogik nicht mehr so aktuell.

Wieso sagen Sie »leider«?

Die heutigen Eltern sind die Kinder der 68er-Eltern. Diese Eltern haben wenig Grenzen gesetzt, demzufolge haben ihre Kinder wenig Orientierung mit auf den Weg bekommen und sind deshalb auch nicht in der Lage, ihren eigenen Kindern Sicherheit zu vermitteln. Dementsprechend sind die heutigen Kinder unruhig wie noch nie zuvor; sie sind desorientiert, haltlos, vereinsamt. Es ist zu befürchten, dass die heutigen Kinder unsichere Eltern satt haben und dass sie gegen diesen unappetitlichen Brei – denn die schwarze Pädagogik hat sich in eine »Breipädagogik« verkehrt – eine ideologische Rebellion anstiften, die dann vielleicht schlimmer sein wird als die ehemalige preußische Disziplin.

Um die Festhaltetherapie durchzusetzen, haben sie anfangs viele Hindernisse überwinden müssen. Haben sich bei Ihnen nie Zweifel eingestellt?

Der Weg war tatsächlich nicht leicht. Aber ab dem Zeitpunkt, da ich den Sinn meines Daseins begriff und mir vornahm, der Liebe in den Familien auf die Sprünge zu helfen, begab ich mich auf den Weg, um geeignete Methoden zu finden. Ich suchte nach einer Psychotherapie, die einem hilft, das Wunder der Liebe zu vollbringen. Und so entdeckte ich die Festhaltetherapie, die ich von Martha Welch, einer amerikanischen Kinderpsychiaterin, übernahm.
Es stellte sich für mich sehr bald heraus, dass durch die Festhaltetherapie sogar schwerwiegende Konflikte in der Familie gelöst werden können. Am Strom der Liebe, der immer wieder zum Fließen gebracht werden kann – selbst nach langen Zeiten der Ebbe –, habe ich nie gezweifelt. Aber die Argumente meiner Widersacher riefen auch bei mir bestimmte Zweifel hervor. Denn ich hatte ja am Anfang, als ich mit der Festhaltetherapie in Berührung kam, auch ähnliche Überlegungen angestellt: Sollte eine Methode heilen, die darauf beruht, den Schwächeren durch den Stärkeren auch gegen seinen Willen, also mit Gewaltanwendung, zu halten? Dass das Festhalten notwendig ist, um den anderen Liebe und Nähe spüren zu lassen, leuchtete mir ein, und ich fand es stimmig. Aber führten wir das Festhalten auch richtig durch? Machten meine Mitarbeiter und ich keine Fehler?
Im Lauf der Zeit kamen immer wieder Fragen auf, aber sie bestärkten mich eher in meiner Arbeit, als dass sie mich in die Knie gezwungen hätten. Ob ich auf dem richtigen Weg war, darüber habe ich immer nachgedacht – eine therapeutische Methode von Anfang an absolut zu setzen, wäre Ideologie gewesen. Und mir ging es nie um Ideologien, sondern um Methoden, die sich am Menschen bewähren. Und meines Erachtens betonten meine Kontrahenten, meist Befürworter der

antiautoritären und antipädagogischen Richtungen in der Erziehung, das Recht auf Freiheit und Selbstbestimmung zu ideologisch.

Außer der Freiheitseinschränkung der Behinderten wurde Ihnen auch noch vorgeworfen, dass Sie in unzulässiger Weise eigene Erfahrungen verallgemeinern würden: Die Logik des Herzens soll auf »irrationalen Annahmen« beruhen.

Zur Quelle kommt man nicht auf dem akademischen Weg. So etwas erfährt man nur, wenn man mit beiden Beinen im Leben steht. – Wir wendeten das Festhalten erst bei autistischen Kindern an. Diese Kinder sind nämlich die, die sich von der Liebe am weitesten entfernt haben. Sie bevorzugen kontrollierbare Gegenstände, meiden aber zwischenmenschliche Kontakte. Ein in dieser Weise behindertes Kind kann nicht einmal eine Beziehung zur eigenen Mutter aufbauen. Und genau in diesen schwerwiegenden Fällen hat sich die Festhaltetherapie bewährt – die Beziehungsfähigkeit dieser Kinder verbesserte sich deutlich. Die vielen Lobbriefe von den Betroffenen, ihre Praxisberichte, die ich bekam, wurden zur Quelle meiner Zuversicht. Meine Kritiker argumentierten zum Beispiel damit, dass die Untersuchung der Testergebnisse nicht allen wissenschaftlichen Kriterien entsprechen würde – Kontrollgruppen würden fehlen. Bei der Kritik jedoch begingen sie den gleichen Fehler, den sie mir vorwarfen. Zum Beispiel nahmen sie an, dass das autistische Kind auf den Videoaufnahmen nur deshalb seine Mutter anlache, um endlich in Ruhe gelassen zu werden – eine total subjektive Deutung, von wissenschaftlicher Prüfung keine Spur!

Inwiefern war diese ganze Auseinandersetzung für Sie bereichernd? Es kommt ja oft vor, dass sich gegensätzliche therapeutische oder gar wissenschaftliche Richtungen durchaus befruchten können.

Nach langem Überlegen musste ich mich dann doch von einigen Therapeuten trennen: Sie fassten nämlich immer noch die Festhaltetherapie als eine Art Dressur auf. Während ich mit meinen eigenen Zweifeln dieser Methode zu einem angemessenen Ethos verholfen habe. Es ging mir niemals darum, den Willen der Kinder oder der Menschen zu brechen, sondern darum, die bindende Liebe spüren zu lassen, die erst die Voraussetzung für die Entwicklung des eigenen Willens und der eigenen Freiheit schafft. Auch erweiterte ich Martha Welchs Festhalten (bounding), meine ich, um eine spirituelle Dimension. Es ging mir in meiner Arbeit nicht nur um den streng an den Körper gebundenen Heilungsaspekt, sondern um den Menschen insgesamt.

In den schlimmsten Zeiten fragte ich mich schon, ob ich die vielen Schwierigkeiten, die sich mir in den Weg stellten, wirklich nötig habe, aber meistens bekam ich irgendein Zeichen, dass ich weitermachen sollte. Am Anfang ließ mich meine Begeisterung ein wenig kämpferisch, fast martialisch erscheinen, aber das brachte meiner Sache nichts Gutes. Später gewann ich immer mehr Sicherheit, wurde weicher, mütterlicher und verständnisvoller. Die anfänglichen Schwierigkeiten halfen mir, die richtige Einstellung zu finden – der wilde Strom bekam ein ordentliches Flussbett.

DAS KOSMISCHE MANAGEMENT

Sie organisieren immer wieder Kongresse – in diesem Jahr läuft er unter dem Motto »Ohne Nestwärme kein freier Flug« –, was versprechen Sie sich davon?

Anlässlich meines Geburtstages veranstalte ich alle fünf Jahre einen Kongress. Ich lade alle Freunde und Bekannte ein, die sich für meine fundamentale Lebensfrage interessieren: Wie kann die Liebe erneuert werden?
1989 veranstaltete ich in Regensburg meinen ersten Kongress zum Thema »Festhalten«. Da kam sogar die Erfinderin dieser Methode, Martha Welch, und viele Experten verwandter Psychotherapierichtungen wie Arno Gruen und Walther Lechler. Finanziell konnte ich ohne weiteres für die Kosten dieses Kongresses aufkommen, weil gerade mein Buch *Der kleine Tyrann* zum Bestseller geworden war – das »kosmische Management« hatte wieder mal mitgewirkt, sodass alles problemlos verlaufen konnte. Fünf Jahre danach organisierte ich in Linz einen Kongress zum Thema »Kindliche Aggressivität«. Einen

wesentlichen Teil deckte hier Bert Hellinger mit seiner systemischen Therapie ab. Im Jahre 1999 fand in Prag ein weiterer Kongress statt, und zwar zum Thema »Leib und Seele« – das war ein äußerst philosophischer Kongress, der auf existenzielle Fragen Antworten suchte: Wie lässt sich das Wort verkörpern? Was bedeutet Ganzheitlichkeit im Welt-Erleben eines Menschen und wie kann sie realisiert werden? Wie lässt sich Liebe auch wirklich mitteilen – jenseits von Worten? Welche Rolle spielt die Berührung für jeden Einzelnen von uns? – All diese Fragen sind für mich essenziell. Und mit dieser Botschaft wollte ich auch in meine tschechische Heimat, in Tschechien, durchdringen und bekannt werden.
Die Liebe wird bis ans Ende meiner Tage mein Grundthema bleiben. Und die Mittel, die ich durch das Festhalten entdeckt habe, um die Liebe in die Welt zu bringen, sie zu vertiefen oder zu erneuern, sie wieder ins Fließen zu bringen, möchte ich vielen anderen Menschen zugänglich machen. Deshalb gehören für mich Veranstaltungen wie diese Kongresse zu meiner Arbeit wesentlich dazu. Dort, wo die Sprache nicht mehr weiterhilft, müssen andere Wege gefunden werden – das ist auch Hellingers Einsicht: Ohne das phänomenologische Durchleuchten systemischer Zusammenhänge kann Liebe nicht gelingen.

Sie benutzen häufig den Ausdruck »kosmisches Management«. Was bedeutet das eigentlich?

So etwas lässt sich nicht definieren, es ist ein Gefühl, das ich in mir trage – ich fühle mich berufen, hier auf Erden im Auftrag einer größeren Kraft die Liebe in den Familien zu erneuern und

das Festhalten als eine wesentliche Hilfe in diesem Zusammenhang bewusst zu machen. Und ich meine, dass ich auf meinem Weg nicht allein fortschreite, sondern dass mir viele Beschützer zur Seite stehen – so etwas wie eine Versammlung höherer Mächte: Engel und Erzengel, Josef und Maria oder der heilige Blasius, der für meine Stimmbänder zuständig ist, oder der heilige Christoph, der sich um die Sicherheit auf den Straßen kümmert, aber genauso sind auch mein Mann, mein Vater und der erste Geliebte meiner Oma meine ständigen Begleiter. – Ich glaube nicht an sie, sondern ich spüre sie so deutlich, dass ich von ihnen weiß.
Ich staune immer wieder, wie sich vieles in meinem Leben auf eine wundersame Weise fügt, wie die mir wichtigen Begegnungen vermittelt werden, wie ich mich auf meinen Reisen geschützt fühle, welche Eingebungen ich bei Vorträgen habe.
Zum Beispiel organisierte ich einen Kongress anlässlich meines 70. Geburtstages. Wer feiern möchte, der muss auch für die Zeche aufkommen, heißt es. Doch hatte ich von den finanziellen Rahmenbedingungen keine Ahnung. So kam eines Tages ein Brief ins Haus – ich stand am Fenster in meiner Wohnung und öffnete ihn. Es handelte sich um einen Kostenvoranschlag für diesen Kongress, der in Prag stattfinden sollte. Ich dachte, mich trifft der Schlag: Die deutschen Teilnehmer sollten viel mehr bezahlen als die tschechischen. Das hat mich dermaßen empört, dass ich sofort zum Telefonhörer griff, um diese Sache zu bereinigen, notfalls den Kongress sofort abzublasen. Dabei warf ich meine Statue mit der Heiligen Familie vom Fensterbrett herunter, und dem Josef fiel der Kopf ab. Ich hielt inne, sah mir den kopflosen Josef an und dachte bei mir: »Das hat mir noch gefehlt.« Aber wie gewöhnlich bemühte ich mich sogleich, positiv zu denken, und so rätselte ich, wozu der Scha-

den gut sein sollte. Ein kopfloser Josef – was könnte er für mich bedeuten? Der historische Josef war damals auch kopflos, als er die schwangere Maria zu sich nahm, und er war bestimmt ein wenig verdattert: Sollte Marias Schwangerschaft irgendein Bluff sein? Vielleicht war er auch etwas skeptisch in dieser Sache. Trotzdem haben ihn all diese Verwirrungen und Fragen nicht abgeschreckt, und er hat dazu beigetragen, dass etwas Großartiges entstehen konnte. – So entschied ich mich, trotz der aufgekommenen Unannehmlichkeiten den Kongress nicht abzublasen, bestand aber auf Kostensenkung für die deutschen Teilnehmer.

Soll das heißen, dass Sie auf diese Weise Zeichen bekommen, die Ihre Entscheidungen beeinflussen?

Das kann man wohl so sagen. Dieser Kongress jedenfalls hinterließ unvergessliche Erinnerungen – zwischen den Deutschen und den Tschechen, den Katholiken und Protestanten, den Christen und Atheisten herrschte eine sehr warmherzige, kooperative Atmosphäre. Und ich war im Nachhinein sehr glücklich darüber, dieses Band geknüpft zu haben.

Hatten Sie auch einen praktischen Nutzen von diesem Kongress?

Ja, wir haben kein Geld verloren, sondern sogar so viel eingenommen, dass wir davon den ersten Ausbildungsgang für tschechische Festhaltetherapeuten voll bezahlen konnten. Aus den Teilnehmern des Kongresses in Prag setzte sich auch mein erster Ausbildungskurs in Tschechien zusammen. Jaroslov

Sturma, Psychologe eines Kinderzentrums in Prag, Dozent für Psychologie an der Karls-Universität und der theologischen Fakultät, verdanke ich diesbezüglich sehr viel. Ohne seinen Einsatz hätte sich die Festhaltetherapie in Tschechien nicht so verbreitet. Er hat auch sechs Kinder, sodass ich ihn mal fragen musste, weshalb er all das auf sich nehme, um die Festhaltetherapie populär zu machen. Er antwortete spontan: »Weil sie das Wahre ist!« Das war ein schönes Kompliment.

Wie haben Sie sich kennen gelernt?

Das war genau in der Zeit, in der ich Tschechen mied, wie ich nur konnte: Wenn ich irgendwo im Ausland war und Menschen Tschechisch reden hörte, machte ich einen großen Bogen um sie – ich wollte keinen Kontakt!
In Brixen auf einem Kongress, von Professor Hellbrügge organisiert, hatte ich gerade eine kostenlose Behandlung bei einer Südtiroler Bauernfamilie gemacht. Sie gab mir einen Laib Brot mit auf den Weg, den ich dann mit auf den Kongress nahm. Auf dem Flur des Kongressgebäudes ging ich an zwei Männern vorbei, die sich tschechisch unterhielten. Und statt nun meinen gewohnten großen Bogen zu machen, griff ich spontan zum Laib Brot und sagte zu ihnen: »Nehmen wir das Brot und teilen es!« Es fiel mir erst sehr viel später ein, dass ich damals ähnliche Worte sprach wie Jesus beim Abendmahl. Danach habe ich die beiden auch zum Essen eingeladen, damit wir nicht nur trockenes Brot speisen, sondern auch Wein und ein üppigeres Essen zu uns nehmen. Der eine von ihnen war eben Jaroslov, der andere Dr. Schneiberg, Kinderarzt und Vorsitzender der Tschechischen Gesellschaft für Sozialpädiatrie. Beide

haben anschließend einen Kurs für Festhaltetherapie in Deutschland absolviert und haben mir danach geholfen, das Festhalten in Tschechien einzuführen. – Auch dieses Mal habe ich nicht verzweifelt gesucht: Es kam mir entgegen, und ich habe den »Zufall« zu deuten und zu ergreifen gewusst!

Das können wir heutzutage kaum noch: Wir gehen mit Scheuklappen direkt auf unser Ziel los, sehen weder links noch rechts und merken nicht, wer oder was uns entgegenkommt. Zufälle sind für uns keine magischen Begegnungen. Dafür aber sind wir im Planen Meister: Wir nehmen nicht wahr, was gerade jetzt, in diesem Augenblick, geschieht, denn wir sind schon beim morgigen Ziel …

Ja, was wir alle bräuchten, um das Mystische in unserem Alltag überhaupt erst zu entdecken, ist Offenheit für das noch Verborgene. Nur – die ist nicht einfach da; zu der müssen wir erst heranreifen. Auch ich habe jahrzehntelang zielstrebig meine eigenen Projekte verfolgt – ich wollte zum Beispiel unbedingt die große Spezialistin für Autismus sein und habe so vieles, was mir das »kosmische Management« zuteil werden ließ, unbeachtet gelassen. Aber dabei passierte Folgendes: Solange ich meinen Zielen hinterherlief, verpuffte meine Energie, ich war immer sehr erschöpft und erreichte nicht das, was ich mir vorgenommen hatte. Die Unzufriedenheit nahm zu. Später machte ich die Erfahrung, dass das gelingt, was einem ohne Zwang und Druck entgegenkommt – man muss es nur erkennen. Und das ist dann das Wahre – das, was mir zufällt. Ich spüre in mir die Zuversicht und den Schutz. Und seit ich dafür offen sein kann, begegne ich genau den Menschen, die ich für meine Lebensaufgabe brauche.

Zum Beispiel lernte ich eine Äbtissin kennen, genau in der Zeit, in der ich große Schwierigkeiten hatte, mich gegenüber meinen Gegnern zu behaupten. Es war die Zeit, in der ich dachte, nur ein erfahrener Verteidiger, am besten ein grauhaariger, weiser Professor der Apologetik aus dem Vatikan, könne mir weiterhelfen. Denn 1989 wurde in der Zeitschrift *Psychologie heute* eine vernichtende Kritik über die Festhaltetherapie veröffentlicht, die mich als Person mit masochistisch-sadistischen Neigungen beschrieb. Ich war zutiefst verletzt und fühlte mich unverstanden. In dieser Situation standen mir viele Eltern zur Seite – sie alle hatten gute Erfahrungen mit der Festhaltetherapie gemacht und ermutigten mich, weiterhin zuversichtlich zu sein. Nur mein Verteidiger – jener erwünschte Professor – fehlte noch. Allerdings suchte ich ihn nicht, sondern wartete, bis er sich zeigte – und er zeigte sich dann schließlich in der Erscheinung einer Frau, ebenjener Äbtissin.

Das ereignete sich folgendermaßen: An einem meiner Festhaltetherapie-Kurse nahm eine Franziskanernonne namens Mirjam teil. Weil sie in einem Kinderheim als Therapeutin arbeitete, brauchte sie die Zustimmung ihrer Äbtissin. Aber diese weigerte sich anfangs, weil sie die zu starke Bindung der Kinder an die Nonne nach dem Festhalten befürchtete. Fast wollte sie Schwester Mirjam in die Wäscherei versetzen, aber ich ließ ihr ausrichten, dass sie dann alle Erzieherinnen und Therapeutinnen, die in den Kinderheimen die echte Mutter vertreten, versetzen müsste: Ohne Bindung fruchtet die erzieherische Bemühung nämlich nicht; erst von einer sicheren Bindung aus kann sich das Kind loslösen. Schließlich stimmte die Äbtissin doch zu. Ihre Bedingung war, dass ich Mirjams Supervision übernehmen sollte.

Nach einem Kurs nahm ich Mirjam im Auto mit, um sie in ihr Kloster zu bringen. Da fiel mir ein, ich könnte nun die weise Äbtissin endlich persönlich kennen lernen. Bei dieser Gelegenheit stellte ich ihr die Frage, wie ich mich gegenüber meinen Gegnern verteidigen sollte. Mirjam meinte, ich sollte nur die Bewegung verteidigen und nicht mich selbst. Die Äbtissin antwortete jedoch: »Der heilige Augustin sagt, dass der Schöpfer sich mit seinem Werk identifiziert, und falls sich Frau Prekop angegriffen fühlt, kann sie auch sich selbst verteidigen, nicht nur ihr Werk. Aber sie muss es nicht tun, weil Gottes Werk unzerstörbar ist.« Im gleichen Augenblick klingelte der Angelus, und wir versanken in stilles Gebet. Der Raum war voller Engel. Tränen der mystischen Freude flossen mir übers Gesicht. Ich wurde beraten. Nach Jahren bedankte ich mich bei ihr für diesen Ratschlag und vertraute ihr an, dass sie mir damals als meine wichtigste Beraterin geholfen und beigestanden hatte. Sie konnte sich nicht mehr genau daran erinnern. Wahrscheinlich war es ein Augenblick der Gnade, meinte sie.

Haben Sie Ihre Gegner auch persönlich kennen gelernt?

Ja, zum Beispiel hat mich mein größter Gegner, Professor Feuser aus Bremen, der sich mit Geistigbehindertenpädagogik beschäftigt, nach Bremen eingeladen. Wir waren beide Mitglieder des wissenschaftlichen Beirats der Bundesvereinigung »Hilfe für das autistische Kind«. Er wollte an der Universität einen Vortrag halten, und anschließend sollte ich mich dazu äußern. Ohne jegliche Warnung kam ich also dahin und musste erleben, wie er mich mit jedem Satz angriff. Die Atmosphäre im Saal war ziemlich aufgeladen, es fehlten eigentlich nur noch die Plakate mit der Überschrift »Alle Gegner der Festhaltetherapie und der Prekop, vereinigt euch!«. Die Zeit, die mir Professor Feuser einräumte, um mich zu verteidigen, betrug fünf Minuten. Kaum fing ich an, begannen die anwesenden Studenten der »roten Uni« zu pfeifen. Das war im Jahr 1985 – die Festhaltetherapie befand sich sozusagen »in den Windeln«, und auf so einen unfairen Angriff war ich überhaupt nicht vorbereitet. Niemand stand mir bei, niemand unterstützte meine Verteidigung. Ich fühlte mich gedemütigt!

Nachdem ich diese Niederlage erleben musste, hatte ich das Bedürfnis, an die frische Luft und in die friedliche Natur zu gehen. Zum Glück war Valentin dabei – er chauffierte mich und suchte für uns ein Hotel an der Küste. In dieser Nacht tobte ein schrecklicher Sturm, so, als wüteten im Meer Tausende von Teufel. Die Wellen schlugen sehr hoch und das Getöse ließ mich nicht einschlafen. Ich wälzte mich im Bett hin und her und fragte mich ernsthaft, ob ich es wirklich nötig habe, mich so beleidigen zu lassen. Aber plötzlich hörte ich in diesem unerfreulichen geistigen Zustand eine Stimme: »Solange du als Mensch auf dieser Erde weilst, musst du dich mit dem Schmerz plagen.«

SYSTEMISCHE VERSTRICKUNG

Wenn wir zum Beispiel an den Amokläufer in Erfurt denken – auch von ihm hieß es, wie von allen anderen Amokläufern: Er war ein unauffälliger Junge, die Familie, aus der er stammte, waren freundliche, nette Nachbarn, die Verhältnisse geordnet. Das sind die Informationen, die uns die Presse liefert. Und alle tun so verwundert und fragen sich, wie konnte so etwas passieren. – Wie würden Sie sich so einem Fall nähern?

Ich bin in solchen Fällen immer daran interessiert, viel tiefer in die Familiengeschichte dieser Menschen einzudringen und mehr Hintergründe zu erfahren. Bei Robert, dem Amokläufer in Erfurt, handelte es sich beispielsweise um den jüngeren Sohn der Familie. Der ältere war der Erfolgreiche und der Stolz der Familie – der jüngere war der weniger Erfolgreiche und deshalb auch der weniger Be- und Geachtete. Die Mutter sagte der Presse, sie habe ihn immer schützen müssen, weil er sich mit seinem Bruder nicht messen und gleichstellen konnte. Da kann ich nur sagen: Sie hatte leider wenig Verständnis für die systemische Ordnung. Es hätte ihr sonst klar sein müssen, dass der Jüngere nicht in allem so toll sein kann wie der Ältere, dass es deswegen also nicht darum geht, ihn vor dem Misserfolg »zu schützen«, sondern ihn in seinen eigenen Fähigkeiten zu bestärken. Selbstverständlich musste der Jüngere im Wettstreit mit dem Älteren den Kürzeren ziehen, und er hat vergeblich versucht, sich diesem anzugleichen, ohne zu seiner wahren Identität und Stabilität vorstoßen zu können. Ein Versagen folgte dem nächsten, sodass er immer mehr Minderwertigkeitsgefühle entwickelte. Daraus speiste sich dann die Wut auf die Lehrer und alle anderen Menschen. Es wurde aus ihm ein Mensch, der sich nicht annehmen und lieben konnte, der sich dann zusätzlich mit Videos berauschte und sich allmählich mit den Deklassierten, den Rächern, den Mördern und Verbrechern identifizierte.

Die erste Frage, die wir uns stellen sollten, ist, was war da überhaupt in der Familie los, bevor wir sie als »unauffällig und nett« bezeichnen. Denn die ganze Familie hat wohl mit dazu beigetragen, dass aus ihm ein Täter wurde – er ist nicht als solcher zur Welt gekommen. Er scheint in eine Familie hineingeboren worden zu sein, in der jeder seinen Weg alleine geht und dabei verstummt. Dieser Junge hätte sicherlich Eltern gebraucht, die sich in ihn hineinfühlen und auf ihn eingehen können: »Warum bist du so stumm? Was ist mit dir los? Warum bist du so traurig? Was tut dir weh?« Sie hätten seine Bedürfnisse und Probleme erspüren müssen, statt ihnen aus dem Weg zu gehen. Dieser junge Mensch hätte einfach mehr Zuwendung gebraucht und weniger Ablenkung durch Videos. Aber das, was da passiert ist, deckt die Wunden einer autistischen Gesellschaft auf: Jeder hat sein Zimmer, zieht sich zurück und vergräbt sich hinter Geräten, PCs, Fernsehgeräten, Videospielen.

Das eigene Interesse geht dem der Familie oder der Gemeinschaft voraus.

Ihnen gelingt es vielleicht als Therapeutin, in einzelnen Familien Frieden zu stiften und die Liebe wieder zum Fließen zu bringen. Dann aber gehen die einzelnen Familienmitglieder in die Welt hinaus und bewegen sich in einer Gesellschaft, in der das Hobbes'sche Prinzip »homo homini lupus« (»Der Mensch ist des Menschen Wolf«) waltet – das kann man am Fusionswahn gut verfolgen: Einer frisst den anderen auf und scheidet ihn wieder aus, wenn er nichts bringt. Das Eigeninteresse und der Eigenprofit zählen – anders kann man gar nicht überleben. Was kann schon eine Familie dieser »Hölle« entgegensetzen? Im Grunde genommen müsste Therapie bei der Gesellschaft ansetzen.

Wir leben tatsächlich in einer Gesellschaft, die therapiert werden müsste – nur heißt das nicht, dass wir auf die Barrikaden gehen und alles von heute auf morgen umstürzen. Therapeutische Veränderungen vollziehen sich allmählich und sind nicht mit Revolutionen zu verwechseln.
Die Frage ist: Wie kann man den Menschen helfen, dass sie in einem menschenwürdigen Milieu leben, dass sie sich ihr Umfeld so gestalten, damit sie sich wohl fühlen? Es wird alles immer rücksichtsloser, brutaler, anonymer – wer weiß schon, wer hinter all den Bushs und den anderen Politikern steckt? Sie selbst sind auch nur Marionetten, die von Gruppierungen aus dem Hintergrund manipuliert werden. Alles, was in Politik und Wirtschaft heutzutage geschieht, dient wohl überlegten Marketingstrategien und dem schnöden Geld, aber nicht mehr dem Menschen. Und dass genau dies passiert,

selbst wenn es in einer kaschierten Form geschieht, spüren viele Menschen: Es fehlt ihnen etwas, sie fühlen sich ausgebrannt, ausgelaugt, ausgenommen und trösten sich mit stupiden Fernsehfilmen und Talkshows, mit der Flasche oder anderen Drogen.

Ich weiß zwar, dass der Fisch vom Kopf her stinkt, dass also ein Wandel von oben, von der Regierung ausgehen müsste, aber ich habe mein Vertrauen in den einzelnen Menschen nicht verloren. Er soll und muss sich dieser Gesellschaft stellen, er darf nicht vor ihr flüchten – was für mich allerdings nicht heißt, er müsse mit den Wölfen heulen und beißen, denn ich bin überzeugt davon, dass er mit seiner eigenen Identität im Großen viel beeinflussen und verändern kann. Er ist, wie er ist, und lebt unverfälscht sein eigenes Leben – das ist die einzig wahre Alternative, die er einbringen kann und soll. Das Selbstvertrauen allerdings, dies tun zu können, bekommt er in der Familie – und deshalb meine ich, dass man genau da ansetzen muss, bevor man in die Politik geht. Das macht wirklich Sinn, in die Familien mehr Nähe und Liebe zu bringen. Durch sie genährt, bewältigt der Einzelne alle Krisen, die auf ihn zukommen. Und er kann sich immer in der Welt einsetzen, wenn er spürt, dass er etwas so nicht will und er es anders gestalten möchte. So wird er als genau der Einzelne, der er ist, versuchen, dazu beizutragen, dass seine Umgebung menschlicher wird – und das ist unser aller Auftrag.

Noch immer ist es so, dass man Krankheiten punktuell betrachtet und mit Psychopharmaka kuriert: In den Psychiatrien meint man dann, die einzelnen Patienten hätten einen »Defekt« – irgendwelche Neuronen würden sich bei ihnen anders bewegen als bei den »normalen« Menschen. Dabei bleibt der Rest der Familie unversehrt. Und natürlich bleibt auch die Gesellschaft verschont.

Ja, weil wir die Verantwortung scheuen. Von den unruhigen Kindern sagt man zum Beispiel heute, sie seien Indigo-Kinder – das sind Kinder mit dem Aufmerksamkeitsdefizitsyndrom. In der esoterischen Szene betrachtet man sie als weise Seelen, die zu uns gekommen sind, um uns auf Missstände aufmerksam zu machen. Als Mutter bin ich dann ganz aus dem Schneider: Nicht meine Wischiwaschi-Erziehung ist daran schuld, dass mein Kind unruhig ist, sondern die Sterne sind es. Die Verantwortung habe ich somit abgegeben.

Die jugendliche Aggressivität nimmt drastisch zu. Die Antwort des Staates darauf ist, die Altersgrenze für den Waffenerwerb bei Sportschützen von 18 auf 21 Jahre zu erhöhen – auch eine punktuelle Maßnahme, die das Phänomen als Ganzes außer Acht lässt.

Solange man sich nicht dafür interessiert, wie das Kind im emotionalen Gefüge der Familie lernen kann, Mensch zu werden, können Gesetzesänderungen nichts ausrichten. Menschen bestehen nicht nur aus einem Anteil. Man merkt das am besten bei Geschwistern – sie können ganz unterschiedlich geraten, obwohl sie den gleichen alkoholsüchtigen Vater hatten oder sich dieselben Filme »reingezogen« haben. Deswegen muss ich ganz genau hinschauen, wenn ich eine Störung bemerke und ihr nachgehen möchte.
Wenn ein Kind aggressiv ist, dann muss ich auch beobachten, gegen wen – gegen die jüngeren Kinder, die Lehrer, die Eltern

usw. Jedes Mal werde ich was anderes feststellen: Manche sind aggressiv, um sich selbst zu schützen und abzugrenzen, um sich zu verteidigen oder um anzugreifen. Wenn ich sehe, dass ein Kind aggressiv war, weil es von einem anderen belästigt wurde, dann ist es zu Recht aggressiv. Dann empfehle ich ihm einen Kurs in Judo, damit es sich demnächst gut verteidigen kann. Einen solchen Fall muss ich nicht weiter problematisieren. Aber wenn es wütend und aggressiv auf den Lehrer reagiert, der das Image des Kindes, der Beste und Klügste zu sein, nicht akzeptiert, dann weiß ich: Etwas ist im Busch. Es könnte sein, dass es ein erstgeborenes Kind ist, mit der Anmaßung, immer toll wegkommen zu müssen. Oder vielleicht vertritt das Kind den Vater, der ständig von der Mutter beschimpft wird – und das Kind ist wütend, weil er so ohnmächtig ist und sich nicht wehren kann. Oder das Kind muss die Mutter gegen die ganze Welt verteidigen und kämpft und kämpft – es fehlt ihm der Vater ... Es gibt unzählige Gründe, weshalb ein Kind aggressiv ist. Ich muss dem genau nachgehen, was dieses ganz bestimmte Kind erlitten hat.

Das klingt fast so, als wären Sie als Kriminalistin unterwegs ...

Ja, das könnte man so sagen. Ich entrolle den ganzen Lebenslauf des Kindes mit allen Einflüssen und betreibe so etwas wie Spurensicherung. Und allmählich stoße ich dann zur Quelle der Aggression vor. Es kann sogar sein, dass ich herausfinde, dass das Kind den ersten Geliebten der Mutter vertritt. Ich trage beispielsweise auch den ersten Geliebten meiner Großmutter im Herzen. Und meine Mutter hat das wohl auch gespürt, dass ich mit diesem Menschen verbunden bin.

Sie hat diese Geschichte nur mir erzählt und nicht meiner Schwester.
Ich habe vor drei Jahren alle Nachkommen meiner Oma zu einem Familienfest eingeladen, um diesem Mann einen Platz in der Familie zu geben. Das Fest fand in dem Dorf statt, aus dem die beiden kamen und in dem sich diese Liebe ereignet hatte. Es muss nicht immer eine Familienaufstellung vollzogen werden, um jemanden ins Bewusstsein der Familien zu bringen. Es tut's auch ein Fest. Ich war sehr glücklich, dass tatsächlich alle Verwandten erschienen sind. Vor dem Festessen zündeten wir für unsere Oma, deren Foto an der Wand hing, eine Kerze an. Das jüngste Kind zündete dann seine Kerze an der Kerze der Oma an, um das Licht des Lebens weiterzutragen. Und als wir dann das Genogramm aufstellten, kam die große Stunde und ich erzählte von ihrer ersten großen Liebe – ein Mann, dessen Namen wir nicht kennen, der sie nicht heiraten durfte, weil er so arm war, und der, als sie dann den Opa, einen reichen Bauern, geheiratet hatte, an ihrem Hochzeitstag die ganze Nacht durchgeweint hat und dann nach Sibirien verschwunden ist. Statt eines Fotos stand stellvertretend ein Sträußchen für ihn in unserem Stammbaum. Viele waren gerührt und haben begriffen, dass dieser Mann eigentlich zu unserer Sippe gehört.

Heutzutage merkt man sich nicht einmal den Namen der Großeltern, weil die frühzeitig ins Seniorenheim verfrachtet werden.

Ja, wir meinen, wir werden unsere Probleme los und das Leben wird leichter, wenn wir uns von unserer Herkunftsfamilie trennen, aber das Gegenteil ist der Fall: Genau so machen wir uns zu den Patienten von morgen. Gerade in der psychotherapeutischen Arbeit wird man oft dazu aufgefordert, mit den Eltern zu brechen – man stellt sich vor, dass der Sack in der Mitte des Raumes der Vater ist, und geht auf ihn zu und schlägt ihn so lange, bis man sich die Wut aus dem Leib geschlagen hat. Vielleicht haut man danach nach Indien ab, um ja nichts mehr mit der Familie zu tun zu haben. Aber durch solche Methoden allein kann der Mensch nicht gesunden, und das positive Ergebnis, allerdings nur für die Psychotherapeuten, ist: Sie bleiben nicht arbeitslos. Sie züchten sich auf diese Weise ihre Patienten von morgen heran.

WANDLUNG – ANPASSUNG – SICHERHEIT

Wie rütteln Sie einzelne Menschen aus ihrer Narkose oder Lethargie auf?

Ein Beispiel: Es wird jemand gemobbt – Mobbing ist in Betrieben gang und gäbe. Wenn ich jetzt als Mitarbeiterin des Betroffenen darunter leide, dass das passiert, dann sollte ich nicht schweigen, sondern die Konfrontation mit den Vorgesetzten wagen und meine Emotionen zum Ausdruck bringen. Und Kritik kann man immer äußern, wichtig ist nur, wie man es tut. Es gibt gewisse Regeln, die man in der Konfliktbewältigung einhalten sollte. Zum Beispiel, wenn ich die, die meinen Kollegen mobben, ausschließlich als die Bösen hinstelle und sie beschuldige, dann gewinne ich niemanden für meine Sache: Die Beschuldigten werden versuchen, sich zu rechtfertigen, und damit grenzen sie sich ab. Ich gewinne sie für Veränderungen nur dann, wenn ich aufrichtig meine eigene Betroffenheit äußere: »Wenn ich an der Stelle von dem und dem wäre, dann würde ich mich so und so fühlen …« Ich erhebe nicht den Zeigefinger: »Wie könnt ihr das und das machen ...«, sondern ich bleibe bei meinen eigenen Gefühlen und teile ihnen diese mit: Ich spüre den Schmerz und drücke die Verletztheit aus. Das könnte vielleicht für meine anderen Kollegen der Anlass sein, sich genauso zu verhalten – sich also auch über die herrschende Firmenpolitik zu äußern.

Sie vertrauen also darauf, dass einzelne Menschen sich authentisch verhalten und durch ihre offene Art Veränderungen bewirken. Könnte darin das Wesen des therapeutischen Funkens gesehen werden?

»Therapeuein« bedeutet im Altgriechischen »dienen« – ich betrachte mich als Dienerin und vergleiche mich oft mit einer Arbeiterin im Weinberg. Ich befinde mich dabei nicht hoch oben auf dem Hügel in der frischen Luft, mit schönem Ausblick, und ernte Trauben, sondern irgendwo tief unten, wo es Staub gibt, viele Autos, Unfälle und Verletzte. Trotzdem genieße ich danach den Wein. Und das ist ausschlaggebend für mein Lebensgefühl. Ich weiche dem Chaos nicht aus, denn ich spüre in mir die Kraft, es zu ordnen. Diese Einstellung müssten auch Eltern haben und sie ihren Kindern mit auf ihren Lebensweg geben. Um sie fürs Leben auszurüsten, sollten sich Eltern stets fragen: Was kann ich meinen Kindern geben, damit sie sich dem Leben stellen können?

Wie ist es dann aber mit der Anpassungsfähigkeit, die Sie in Ihren Büchern sehr oft erwähnen? Sie betonen, dass man Kindern Grenzen setzen muss, sonst könnten die sich später an nichts mehr anpassen. Aber an marode gesellschaftliche Strukturen sollte man sich auch nicht anpassen, wie wir gesehen haben. Was meinen Sie, wenn Sie von der Anpassungsfähigkeit sprechen?

Anpassung bedeutet nicht, ich assimiliere alles wahllos aus dem »Kuhstall«, aus dem ich komme, und verschmelze mit ihm – Anpassungsfähigkeit bedeutet nicht, mit allem, selbst wenn es böse und schlecht ist, eine Symbiose einzugehen. Wenn ich zum Beispiel als Lehrerin Kinder mit meiner Kreativität anstecken möchte, wenn ich sie und mich mal anders erleben möchte, dann kann ich eine Theatergruppe gründen und mit ihnen ein Theaterstück einüben. Ich muss mich nun, damit dieses Projekt auch wirklich Früchte trägt, an vieles anpassen: Ich muss sehen, was jedes einzelne Kind an Fähigkeiten mitbringt, und mich daran anpassen – der eine hat ein schlechtes Gedächtnis, dann kann ich ihm keine Rolle mit viel Text verpassen; der andere ist ein guter Akrobat, dann kann er vielleicht den Clown übernehmen, weil der im Stück sehr beweglich sein muss. Auch muss ich mich an die Möglichkeiten anpassen, die mir der Theaterraum mit seiner Beleuchtung bietet. Ja, sogar die Kulissenschieber muss ich mitbedenken, denn die dürfen nicht alle im Urlaub sein, wenn mein Stück Premiere hat. Ohne meine Anpassungsfähigkeit würde ich nichts zuwege bringen. Sie ist für mich ein Mittel, um das zu erreichen, was ich möchte.

Dass Sie die Anpassungsfähigkeit sosehr schätzen, könnten noch immer viele missverstehen – teils wurde ja dieser Aspekt in den Kritiken, die nach Ihrem Buch Der kleine Tyrann *erschienen sind, laut: Aha, die Prekop will den Kindern Grenzen setzen, das heißt dann gleich: Die Prekop will die Spontaneität und Kreativität untergraben und die Kinder manipulieren ...*

Nein, das ist nicht meine Absicht und war sie auch nie. Leser meines *Kleinen Tyrannen*, die mich so (miss-)verstehen, lesen mein Buch durch ihre eigene Brille, und das ist gar nicht ihre, sondern die, die ihnen schon als Kind aufgesetzt wurde, als sie von ihren Eltern zu Anpassung und Gehorsam gezwungen wurden. Sie wurden zu einem Duckmäusertum erzogen – und dann lesen sie meine Bücher so, als würde ich nichts anderes vorhaben, als meinerseits Duckmäuser heranzuzüchten.
Aber das meine ich nicht, wenn ich von der Anpassungsfähigkeit spreche. Sie ist für mich der Weg, um mich selbst durchzusetzen, um mich einer fremden Umgebung so zu zeigen, wie ich bin. Um dies tun zu können, muss ich einiges berücksichtigen, sonst nimmt mich ja keiner wahr und will mich gar nicht zu Wort kommen lassen. Als ich ins Ausland kam, musste ich mich auch an die Mentalität der Deutschen, an die Umgangsformen, an die Sprache, an die Verkehrsregeln und Steuergesetze anpassen, um mich durchsetzen zu können. Und so ist es mit allem.

Wenn Sie jetzt noch mal einen »Kleinen Tyrannen« schreiben würden, würden Sie den Begriff »herrschsüchtig« nicht ersetzen?

Nein, ich würde es nicht tun, vielleicht würde ich noch intensiver die systemischen Ursachen der elterlichen Schwäche und der kindlichen Übermacht untersuchen. Der Begriff »Herrschsucht« stimmt so, wie ich ihn gebrauche. Ich habe nämlich die

Kinder gemeint, die sich gerne durchsetzen, die für ihre Rechte kämpfen und die Schmerzgrenze der Eltern herausfordern, um die Zuverlässigkeit ihrer Reaktion zu testen. Es geht in meinem Buch um Kinder, denen nichts anderes übrig bleibt, als stärker zu sein als die Eltern, weil diese so schwach sind. Diesen Kindern fehlt alles, was zu den kindlichen Grundbedürfnissen zählt: Bei schwachen Eltern kann sich das Kind nicht geborgen fühlen, es kann sich an ihnen weder orientieren, noch können sie ihm als Vorbilder dienen. Um sein Bedürfnis nach Sicherheit zu stillen, übernimmt es dann die Macht über die Eltern und zwingt sie zu bestimmten voraussagbaren Reaktionen. Solche Kinder bestimmen, was die Mutter kochen, wie und wo der Papa mit ihnen spielen soll. In einem Spiel müssen sie immer die Gewinner sein. Auch in der Schule möchten sie über die Lehrer und die Mitschüler herrschen, und wenn diese ihnen nicht folgen, werden sie aggressiv.

Eigentlich wollen Herrschsüchtige gar nicht herrschen, sie wollen auch nur geliebt werden.

Ja, im Prinzip sind sie sehr unglücklich. Sie fühlen sich nämlich nur dann wohl, wenn sie auf dem hohen Ross sitzen. Nur wenn sie herrschen können, können sie sich selbst lieben. Und den anderen Menschen lieben sie nur dann, wenn er ihnen folgt. Wie kann der Tyrann Freunde finden? Welcher Lehrer lässt sich vom Schüler bestimmen? Welche Frau lässt sich von einem Macho bestimmen? Welches Kind kann einen rechthaberischen Vater lieben?

Wie kann man solchen Kindern helfen?

Nur durch einen »Regierungswechsel«, der unter dem Festhalten geschieht. Den Kindern, die nicht süchtig sind, alles zu beherrschen, kann man schon während der ersten Sitzung helfen. Diese Kinder atmen dann auch auf, endlich dürfen sie einfach Kind sein und sich auf die Eltern verlassen. Die Eltern müssen allerdings eine natürliche Größenordnung einführen, unter der sich das Kind gut erziehen lässt. Es gibt aber einige, die ihre alten Erziehungsmuster nicht so schnell aufgeben können. Dementsprechend lange dauert dann auch die therapeutische Unterstützung der Eltern.

Sie würden das dann als eine Krankheit sehen?

Ob es eine Sucht ist, erkennt man nach den Entzugssymptomen, wenn der kleine Tyrann die Macht verliert. Es geht ihm ähnlich wie einem Drogensüchtigen, wenn er seine Droge nicht mehr bekommt.

Gut, aber die Sucht verdeckt ja einen Mangel ...

Sie ist Ersatz für wahre Liebe. Wahre Liebe wäre, wenn die starke Mama sagen könnte: »Egal, was du machst, bei mir bist du geborgen und geliebt. Du orientierst dich nach mir in dem, was gut beziehungsweise schlecht ist. Ich bin für dich verantwortlich, nicht du für mich. Du darfst noch klein sein.« Die Herrschsucht bringt die Pervertierung der Größenordnung ans Tageslicht: Die Mama ist die Kleine, das Kind ein Diktator, der ohne Erfahrungen über alles bestimmen möchte.

Wenn ich Mutter wäre, wüsste ich vielleicht manchmal auch nicht so sicher, was tatsächlich gut ist. Ich habe auch als erwachsener Mensch meine Zweifel.

Als Therapeutin mache ich einer unsicheren Mutter meist klar, was die Schöpfungsordnung ganz einfach bedeutet: Das Küken orientiert sich nach der Henne und nicht umgekehrt. Wenn sich das Kind nicht auf seine Mutter verlassen kann, weil sie ihren Standpunkt nicht vertreten kann, dann wird das Kind unruhig, und weil es das Chaos fürchtet, übernimmt es die unkindliche Aufgabe und stellt selber die Ordnung wieder her – aber für Kinder ist das eine verzweifelte Tat, um eine bestimmte Sicherheit in der allgemeinen Unsicherheit zu haben.

Aber wenn ich vor dem Kind einen Standpunkt vertrete, der sich als falsch erweist?

Dann ist es noch immer besser, einen Standpunkt vertreten zu haben und ihn dann zu ändern, als in der Ambivalenz stets hin und her zu pendeln. Dem Kind teile ich dann mit, dass ich mich geirrt oder einen Fehler gemacht habe. – Wenn meine Unsicherheit aber zur Konstanten wird, dann muss ich mir als Mutter therapeutisch helfen lassen. Denn ich muss mir dessen bewusst sein, dass mein Verhalten für mein Kind ausschlaggebend ist, und diese Verantwortung darf ich nicht abgeben.

Was machen Kinder, um das Chaos, das durch die Unsicherheit der Mutter entstehen kann, zu verhindern?

Das Kind hat ein Bedürfnis nach Sicherheit. Wenn es sich nicht auf die Mutter verlassen kann, wird es für das Kind unerträglich. Die meisten Kinder geben die Beziehung zur Mutter auf und suchen den Ersatzkontakt bei technischen Geräten, die wahrscheinlich besser funktionieren. Sie machen eben die Erfahrung, dass ihnen der Umgang mit irgendwelchen Knöpfen mehr Sicherheit gibt als die Kommunikation mit ihrer Mutter. Auf die Fernbedienung können sie sich verlassen: Nach dem zweiten kommt sicher das dritte Fernsehprogramm. Diese Kinder entwickeln eine große Faszination für die Geräte und werden dann später beispielsweise IT-Spezialisten. Manche unter ihnen sind introvertiert und wenig sozial, dafür aber brillieren sie in allem, was sie alleine tun können – alles, was ihnen bestätigt, es gibt doch Sicherheit und Zuverlässigkeit auf Erden, nur erwarten sie sie nicht von Menschen, sondern von Maschinen.

Schon ein einjähriges Kind testet, bis wohin es gehen kann. So fragen mich Mütter oft, ob ihr Kind denn normal sei. Es würde zum Beispiel immer an den Herdknöpfen spielen wollen, und sie sagen dann »Nein«. Aber das Kind tue es wieder, dann sagen sie wieder »Nein«. Und darauf lacht es. – »Ist das normal?« Natürlich ist das normal! Weil das Kind damit prüft, ob es sich auf das »Nein« der Mutter verlassen kann, und es ist glücklich, dass auch das zweite Mal ein klares »Nein« kommt. Das Kind kann nun keine weiteren Überlegungen anstellen, ob Mamas »Nein« auch moralisch in Ordnung ist oder nicht, aber es weiß: »Nein ist Nein!« Das gibt ihm Sicherheit, und das ist alles, was Kinder vorerst brauchen. Das klare

»Ja« ist für das Kind allerdings noch wichtiger, weil es ihm Freude bereitet.

Woran liegt es, dass viele Eltern dem Kind kein klares Nein vermitteln können? Sie geraten in eine ambivalente Haltung. Fürchten sie sich etwa vor der Wut ihres Kindes?

Wir leben in einer Gesellschaft, die sich alles erlauben kann: Jeder kann alles haben; niemand leidet Mangel; alle Störungen sind beseitigt; die Liebe soll ohne »Nein« auskommen! So sieht es in unserer hedonistischen Gesellschaft aus. Sie möchte der Polarität des Ja-Nein, des Positiv-Negativ entkommen und nur den positiven Pol, sozusagen das Monopol des Glücks genießen. Selbst wenn die Eltern wissen, sie müssten »Nein« sagen, sagen sie es trotzdem nicht, weil sie nicht so sein wollen wie ihre Eltern, die vielleicht dauernd »Nein« gesagt haben. Diese Eltern sind noch selbst Kinder, weil sie noch immer gegen ihre Eltern rebellieren: »Ich sage meinem Kind nie unbegründet ›Nein‹ wie du, harte Mama!« – das ist dann ihre eigentliche Botschaft. Aber die Kinder verstehen ihre Begründungen überhaupt nicht und sind völlig orientierungslos. Dies könnte der eine Grund sein, weshalb Eltern kein klares »Nein« aussprechen können: Rebellion gegen die Strenge der eigenen Eltern. Ein anderer Grund könnte darin liegen, dass die ehemaligen Kinder, statt Kinder sein zu dürfen, die Mutter bemuttern mussten. Sie durften sich also bei einer schwachen, depressiven, suizidalen Mutter ihre Trotzphase nicht erlauben. Sie haben auf das Kind in sich früh verzichtet. Und jetzt sind sie selber Eltern geworden und verhalten sich kindlich – sie holen ihr Kindsein nach. So wird die

Stafette weitergereicht: Wieder muss das Kind die Mutter bemuttern.
Solche Muster kann man sogar bis zum Anfang des 20. Jahrhunderts zurückverfolgen. Bis zur Oktoberrevolution habe ich dieses Phänomen in einer russischen Familie zurückverfolgt, damit die Tochter, die heute 16 Jahre alt ist, dieses Muster endlich durchbrechen kann. Diese familiäre Verstrickung musste sie aber erst durchschauen, um etwas ändern zu können.

DAS ROLLENSPIEL

Wann haben Sie eigentlich Ihre Leidenschaft fürs Theater entdeckt?

Rollen zu spielen, übte ich sehr früh ein. – Ich bin zwar nicht in den Kindergarten gegangen, aber er hat mir und meiner Schwester überhaupt nicht gefehlt: Wir fanden einen wunderbaren Ersatz im gemeinsamen Spiel mit anderen Kindern. In unserer »Bande«, ungefähr elf Kinder, waren verschiedene Altersgruppen vertreten. Die Kleinen wurden von den Großen geführt und später übernahmen sie selbst die Führung. So lernten wir im Spiel alle Rollen (der Leiter, der Untergebene, der Mitspieler) kennen: Wir lernten, uns zu fügen, aber auch zu führen. – Als Kind spielte ich am liebsten die Hexe, und in diesen Rollen konnte ich alle meine Enttäuschungen, meine Wut und Rachegedanken abreagieren. Ähnlich, wie sich heute die Klienten im Psychodrama austoben, tobte ich mich damals in diesen schrecklichen Rollen aus. An Nikolaus ging ich immer als Krampus herum und freute mich, wenn die Kinder vor Angst zitterten.

Wir hatten zwar auch ein Puppentheater im Haus, aber wir Kinder wollten nicht nur zuschauen, wir hatten auch Lust, etwas Eigenes auf die Beine zu stellen. Den Text unserer eigenen Produktionen schrieb meistens meine Schwester, und ich erinnere mich, dass ich sehr stolz darauf war, so eine schlaue Schwester zu haben. Dann wurden die Rollen verteilt und auswendig gelernt. Selbstverständlich brauchten wir auch Kulissen und baten manche Väter um Hilfe. Aber jedes Kind musste seine Phantasie entwickeln und sich in der Gruppe bemühen, seinen Platz zu finden. Es musste seine speziellen Fähigkeiten entdecken, um sich nützlich machen zu können.

Was haben wir alles unternehmen müssen, um das Theaterstück aufführen zu können! Wir mussten mit unseren Tanten und Omas verhandeln, um von ihnen alte Gardinen für unsere Schleier und Umhänge zu bekommen. Wir mussten unsere Onkel und Cousins für unsere Sache gewinnen, damit sie uns handwerklich bei der Herstellung der Kulissen helfen. Auch die Kronen für die Könige und Königinnen bastelten wir selbst. Zur Beleuchtung dienten ein paar Taschenlampen.

Dann brauchten wir natürlich das Publikum, ohne das kann man nicht spielen. Deshalb luden wir alle Eltern ein, aber es war nicht sicher, wer wirklich kommt, weil unter den Bauarbeitern meines Vaters viele Alkoholiker waren. Deshalb luden wir auch alle Nachbarsfamilien ein. Wir stellten auch Eintrittskarten her – Kartoffeldruck mit Tinte. Die eingeladenen Nachbarn wurden gebeten, etwas Kuchen mitzubringen. Einmal fand unsere Vorführung im Vorhaus statt, einmal im hinteren Teil des Hofes – das erwies sich als sehr praktisch, denn wenn jemand aufs Klo musste, waren die drei Toiletten gleich daneben. In der Waschküche hatten wir unsere Garderobe, unter der Treppe wurden die Kulissen versteckt. An Zuschauern mangelte es dann letztlich auch nicht – zu unserer ersten Vorstellung kamen ungefähr 30 Leute.

Ich erinnere mich sehr gerne an diese Zeit und führe sie bei vielen Gelegenheiten als Beispiel für gute Entwicklungschancen an. Hier wurde früh geübt, was man dann später im Leben braucht: Kreativität, Teamarbeit, Phantasie, Improvisation, Geduld, Anstrengung ... Dieses gemeinsame Werk war für uns alle von großem Wert. Bis heute weiß ich noch genau, wer welche Rolle spielte, welches Kind auf der Bühne stolperte, welche Nachbarn uns Kuchen für das Buffet schenkten usw.

Haben Sie auch später noch Theater gespielt und sich am Kulturleben der Stadt beteiligt?

Natürlich! In den 60er-Jahren bot mir meine damalige Arbeit bei der Bahn nicht viel Befriedigung, aber in der Freizeit beschäftigte ich mich mit meinem geliebten Steckenpferd – dem Theater! Wie ich bereits sagte, als Kind hatte ich gerne die Rolle der Hexe gespielt, als Erwachsene bevorzugte ich nun Charakterrollen wie die der Mörderin, Prostituierten, des Klatschweibs, der komischen Alten. Aber ich vergaß nie, dass ich auf der Bühne stand, und ich profitierte von der Möglichkeit, von mir selbst Abstand zu nehmen und meine Wirkung auf andere zu prüfen. Das Theater war für mich eine gute psychologische Übung – es bot mir auf seine Weise die Gelegenheit, mich auf die Suche nach meinem eigenen Ich zu begeben. Das Rollenspiel kann dem Schauspieler sehr viel geben, wenn er nicht an der Oberfläche seiner Rollen haften bleibt und in die Tiefe geht. Manche wechseln leider eine Rolle nach der anderen, aber sich selbst finden sie nie.
Für die Nebenrolle der Haushälterin im Stück *Die Perle Anna* von Camoletti gewann ich den Goldenen Preis bei einem Thea-

terfestival. In diesem Stück muss die Haushälterin sehr viel organisieren, damit die verschiedenen Freundinnen eines Piloten sich keinesfalls in seiner Wohnung treffen. Diese schwierige Aufgabe meistert sie in diesem Stück mit der Hilfe des Flugplans. – Die Rolle der ersten Liebhaberin lag mir nie, nur einmal spielte ich die Tatjana in *Eugen Onegin*, aber die ist ja auch keine wahrhaftige »erste Liebhaberin« – sie ist äußerst komplex.

Außerdem veranstalteten wir poetische Soireen: Die Schauspieler lasen Gedichte oder poetische Texte vor und untermalten sie mit einer musikalischen Komposition. Damals konsumierte man nicht jeden Tag stupide Fernsehsendungen – das Kulturleben war viel reicher und begehrter als heute.

Während meiner Studienzeit in Olmütz verdiente ich mein Geld als Statistin an der Oper, pro Abend kassierte ich zehn Kronen und war sehr stolz darauf. Meine Mama hielt mein Treiben auf der Bühne für verlorene Zeit. Aber mir brachten diese Bühnenjobs enorm viel: Heute habe ich kein Lampenfieber, wenn ich irgendwo auftrete. Der Kontakt mit dem Publikum ist mir vertraut. Wenn ich die Techniker mit den Scheinwerfern und die Tontechniker hinter dem Mischpult sehe, fühle ich mich wie zu Hause.

Heute spielen Sie die Rolle der Therapeutin – oder ist das gar keine Rolle?

Merkwürdige Frage. – Eigentlich ist der Beruf als Therapeutin, besser gesagt: als »Seelsorgerin«, der erste, den ich nicht als Rolle spiele. Hier bin ich mit meiner ganzen Wirklichkeit für die Menschen, die zu mir kommen, präsent. Solange ich den

Weg dahin suchte, prüfte ich mich und übte in den verschiedensten Rollen. Als ich dann aber den Sinn meiner Existenz fand, brauchte ich mich nicht mehr auf meine Echtheit hin zu prüfen und sie schon gar nicht unter einer Maske zu verbergen. Die Echtheit war und ist da! Ich bin, wie ich bin, und möchte niemandem was vorspielen. Das schließt allerdings nicht aus, dass ich nicht diese oder jene Tat als Spiel betrachte, zum Beispiel, wenn ich Gäste bekoche oder ein Fest veranstalte.

Sobald mich jemand in der Rolle eines Therapeuten sieht, fühle ich mich nicht wohl. Das könnte man mir vielleicht als narzisstischen Zug ankreiden: Ich möchte als Mensch wahrgenommen werden, der mit einem anderen, Hilfe suchenden Menschen im Gespräch ist. Schon am Anfang meines therapeutischen Wirkens war es so: Ich habe Eltern, die mit ihren Kindern zu mir kamen, nicht unnötig im Wartezimmer warten lassen. Und ich habe mich jedes Mal entschuldigt, wenn das dann doch passierte. Es ist für mich nicht selbstverständlich, dass die Menschen, die mich konsultieren wollen, zu warten haben.

Eine gewisse Arroganz bringt die Rolle, die man als Arzt oder Therapeut erfüllt, meist mit sich, und man vergisst darüber, dass man ein Mensch wie alle anderen ist. Wenn ich beispielsweise merke, dass jemand Hemmungen vor mir hat, dann weiß ich, dass derjenige noch größere Hemmungen haben wird, wenn ich mit einem Stift in der Hand an meinem Schreibtisch sitze – bereit, ihn zu »verhören«. Diese Position ist mir zutiefst zuwider! Deshalb mache ich Folgendes, wenn ich eine gewisse Hemmung bei meinen Klienten spüre. Ich sage: »Ich möchte mir noch einen Kaffee kochen. Möchten Sie vielleicht auch eine Tasse?« Oder ich teile ihnen mit, dass ich noch auf die Toilette gehen muss, dann wissen sie: »Aha, auch die Prekop muss pinkeln ...« So fange ich meist an, wenn Menschen mir das Gefühl geben, dass sie in mir die große Therapeutin sehen, die über ihnen steht.

Sie schaffen also eine Atmosphäre, die für Sie und die anderen angenehm ist.

Ja, aber die Versuchung, große Stücke von sich zu halten und hochmütig zu werden, ist groß. Das weiß ich, und weil ich es weiß, übe ich wirklich bewusst Demut. »Habe Mut zur Demut!« – das sage ich mir oft, weil ich weiß, wie leicht man sich verblenden lassen kann. Sätze wie »Oh, Sie sind die Einzige, die mich erkannt hat!«, »Wie Sie denken, denkt niemand!« usw. laufen runter wie Butter. Wer hört sie nicht gerne? Da könnte man leicht überheblich werden. Aber da muss ich mich immer an einen meiner Freunde erinnern – er war Pfarrer in einem österreichischen Dorf. Er warnte mich immer vor Eigendünkel und sagte mir, nachdem *Der kleine Tyrann* zum Bestseller geworden war: »Du musst vorsichtig sein, dass du nicht zu stolz wirst!« – Die kritische und realistische Selbstspiegelung ist wesentlich, um zur eigenen, wahren Identität zu finden, und die liegt jenseits der Tatsache, dass ich einen Bestseller geschrieben habe und heute eine bekannte Therapeutin bin.

Viele Menschen machen sich das Leben schwer. Warum eigentlich?

Weil sie sich etwas vorspielen, was sie nicht sind. Sie stehen stets neben sich, aber nicht in sich und für sich. So können sie auch nicht in sich ruhen. Als wenn sie stets in einer fremden

Haut stecken würden, die mal zu knapp und mal zu locker ist. Ja, und weil sie das Leben nicht als Spiel betrachten können. Wenn ich meine Rollen im Leben ganz bewusst spiele und die Verantwortung dafür auf mich nehme, dann lebe ich versöhnt mit mir selbst, dann lebe ich unbeschwerter.

Wie kann man Frauen helfen, die an den vielen Rollen, die sie sich aufbürden, letztlich zerbrechen? Sie wollen gute Mütter und Hausfrauen sein, sind aber auch berufstätig und wollen nebenbei auch noch die ideale Geliebte für ihren Mann sein ...

Ich habe neulich ein Interview mit Udo Jürgens im Fernsehen verfolgt – er sprach davon, dass er vier Frauen braucht. In der Beziehung zu ihm erfüllen sie jeweils eine dieser Rollen. Und in all diesen unterschiedlichen Frauen sucht und findet er sich meist selbst.
Auch ein Kind lernt sich selbst schon sehr früh über die verschiedenen Rollenspiele näher kennen. Mit Hilfe seiner Phantasie inszeniert es die kühnsten Rollenspiele – es ist mal Arzt, mal Kindergärtnerin oder Verkäufer usw. In allen Spielen erkennt es einen Teil seiner eigenen Identität – es befindet sich auf einer Entdeckungsreise und erlebt sich so, als hätte es stets einen Spiegel vor sich.
Auch als erwachsener Mensch bleibt dieser Aspekt wesentlich: Je mehr Rollen ich ausprobiere, umso näher komme ich mir. Denn all diese Rollen bin ich und niemand sonst, ich setze mich aus all den vielen Facetten zusammen. Die Erkenntnis, sie alle in meine Persönlichkeit zu integrieren, ist entscheidend, sonst zerfalle ich in viele Rollen und kann mich nie in meiner eigenen Mitte wiederfinden. Meine Persönlichkeit muss also

stärker sein als die Rollen. Harald Juhnke beispielsweise ging in seinen Rollen auf und hat nie wirklich zu seiner Identität gefunden – so etwas muss tragisch enden. Die Rollen sind nur Stationen auf dem langen Weg zur Selbsterkenntnis. Sie sind kein Ziel, sondern nur ein Mittel, um sich selbst zu erproben.

Rollen geben einem die Möglichkeit, von sich selbst auf Distanz zu gehen und sich selbst von einer Warte zu betrachten, die einem vielleicht manchmal nicht so sympathisch ist.

Ja, wenn ich zum Beispiel nicht die Rolle der guten Mutter übernehme, sondern die böse Stiefmutter spiele, dann lebe ich eine Rolle, die ich mir so in meinem Alltagsleben gar nicht zutraue. Aber genau das, was ich nicht sein möchte, kann ich trotzdem versuchsweise spielen – es ist bestimmt eine Bereicherung! Ich möchte ganz bewusst keine alte Jungfer mit vielen Marotten sein, aber ich kann mich spielerisch mit ihren charakterlichen Eigenschaften beschäftigen. Indem ich diese ganz bestimmte Rolle für die Bühne einübe und sie leiblich nachvollziehe – wie fühlt sich das an, eine alte Jungfer zu sein? –, erlebe ich ganzheitlich, mit allem, was mich ausmacht, wie so eine Frau empfindet. Ich fühle mich in sie hinein und kann sie dann besser verstehen. Wenn ich nur etwas über diesen Typus lesen würde, käme ich, empathisch gesehen, keinen Schritt weiter.

Wie unterscheide ich zwischen dem, was ich bin, und dem, was ich nur als Rolle mal eben experimentiere? Wie spüre ich das heraus?

Viele Leute ahmen jemanden ihr ganzes Leben lang nach – sie sind lebenslängliche Epigonen. Das ist auch in der Psycho-Szene weit verbreitet: Eine große Anzahl von Therapeuten spricht wie ihr Therapeuten-Guru und verhält sich nur so wie er. Sie bestehen nur aus Nachahmung und haben nicht zu ihrem Stil gefunden. Um zum eigenen Wesen vorzustoßen, braucht der Mensch Rückmeldung von den anderen. Ähnlich geht es auch vielen Frauen – sie ahmen ihr Leben lang ihre Mutter nach, ohne es zu merken. Zwar wollten sie nie so werden wie ihre Mutter, sie hatten sich vorgenommen, nie zu ihrem Mann vorwurfsvoll zu sagen: »Du kommst ganz schön spät nach Hause!«, aber was tun sie nun als Ehefrauen? Genau das Gleiche. Nachzuahmen ist eine allgemein menschliche Eigenschaft – nichts dagegen, aber ich muss es mir bewusst machen und kritisch anschauen. Dabei können mir die anderen helfen, indem sie mir ein wohlwollendes Feedback zu meinem Verhalten geben. Dann kann ich erkennen: »Nein, das ist nicht meine Art. Das habe ich einfach von meiner Mutter übernommen!«

LIEBE – DAS MAß ALLER DINGE

Bei vielen Menschen ist das Sensorium verkümmert: die innere Stimme, die mir zuflüstert, jetzt ahmst du nach oder bist ein Mitläufer, nur damit man dich nicht ausschließt. Oder du spürst, dass du dich beispielsweise in einer Gesellschaft nicht wohl fühlst, und entfernst dich trotzdem nicht. Um dein Unbehagen nicht zu spüren, betäubst du dich. Und jeder betäubt sich auf seine Art, was aber wäre das wahre Heilmittel?

Wenn dem Menschen die Liebe, die ihn menschlich macht, abhanden kommt, dann flüchtet er sich in Ersatzsicherheiten – das aber sind lauter Zwänge: der Zwang, erfolgreich und perfekt sein zu müssen, um geliebt zu werden. Wenn er allerdings die selbstlose Liebe hätte, sie in sich tragen und sie nach außen ausstrahlen würde, dann wäre er ein glücklicher Mensch, der keine Betäubung als Lebensstrategie braucht.

Liebe ist also das Maß aller Dinge?! Aber genau mit diesem Begriff wird Schindluder getrieben, und das von Anbeginn an: Aus Liebe meint die Mama, alles für mich zu tun, aber vielleicht spüre ich genau das Gegenteil ... Woran erkenne ich überhaupt Liebe?

Liebe kann man nicht sehen, man kann sie weder definieren noch messen. Aber wir können sie an ihrer Wirkung erkennen. Liebe ist nur dann Liebe, wenn sie bedingungslos ist. Trotz aller schlechten Zeiten, die ich mit jemandem durchstehe – ich liebe ihn! Obwohl sich das Kind schlecht verhält – ich liebe es! Nur wenn das so ist, spüre ich, ich werde geliebt. Dann kann ich der Liebe trauen! Einen anderen Menschen zu lieben, fällt uns meist leichter, als uns selbst zu lieben: Das will gelernt werden, so etwas fällt nicht vom Himmel! Trotz aller Schwächen, die ich an mir feststelle, muss ich mich annehmen und lieben – das kann mir niemand abnehmen. Vor den anderen, deren Schwächen ich nicht mag, kann ich flüchten, aber vor mir selbst kann ich nicht weglaufen. Wenn ich mich also nur unter ganz bestimmten Bedingungen lieben kann, habe ich schlechte Karten.

Wenn ich mich nur als jung aussehende, hübsche Frau annehmen könnte, müsste ich jedes Mal, wenn ich vor dem Spiegel stehe, einen Schrei des Entsetzens von mir geben. Oder – ich hasse zwar mein böhmisches Deutsch, aber ich bin deshalb nicht verstummt, denn ich habe das große Bedürfnis, mich mitzuteilen. Also habe ich im Lauf der Zeit gelernt, mich mit meiner Sprachschwäche anzufreunden. Und ich liebe mich, obwohl ich das böhmische Deutsch spreche.

Es gibt viel zu wenige Menschen, die sich selbst lieben. Dafür gibt es viele Narzissten – man braucht sich bloß einige Politiker oder Künstler anzusehen –, aber die zerstören sich eher, als dass sie sich lieben.

Wie lernen wir, uns selbst zu lieben?

Um uns selbst lieben zu können, müssen wir erst mal Liebe empfangen haben, sonst ist es tatsächlich ein schwieriges Unterfangen. Es gibt unzählige ungeliebte Kinder, die später alle bei irgendeinem Therapeuten landen, und das nur, weil sie tatsächlich die Fähigkeit nicht in sich entwickeln können, sich selbst zu lieben.
Liebe bekommt das Kind in erster Linie von der Mutter. Das Kind ist, wenn es auf die Welt kommt, abhängig: Es kann sich nicht selbst versorgen und auf seinen eigenen Beinen stehen, es ist bis zu seinem zweiten Lebensjahr ein »Tragling«, selbst wenn westliche Mütter ihre Kinder nicht im Tragtuch tragen wie die Tuareg beispielsweise oder andere Nomadenvölker. Die Kinder von den naturverbundenen Völkern werden nicht im Regenwald ausgesetzt, wenn sie die Eltern ärgern, sondern sie bleiben immer noch im Arm. Auch werden sie nicht in die Wüste geschickt, sondern werden überall dorthin mitgenommen, wohin sich die Karawane bewegt. Das Kind macht die Erfahrung, dass es in jeder Situation ertragen wird. So spürt es: Ich bin angenommen, auch wenn ich manchmal schreie oder um mich schlage. Diese Voraussetzung muss gegeben sein, damit der Mensch die Selbstliebe einüben kann.

Unser Leben im Westen ist nun mal anders beschaffen – wir haben keinen Regenwald und keine Wüste. Trotzdem sieht es oft so aus, dass gerade wir die Kinder am liebsten in die Wüste schicken würden, so sehr fallen sie uns zur Last.

Wir haben uns allmählich in dieser technokratischen Welt, in der alles machbar ist, von unseren instinktiven Gaben abgeschnitten. Schon als Säuglinge besitzen wir unser eigenes Bett, unser eigenes Zimmer. Der Körper der Mutter ist weit weg, aber gerade den vermisst ja das Kind am meisten, und der wäre der einzige Reichtum, nach dem seine Sinne streben – und nicht die vielen eigenen Spielzeuge oder sonstigen Besitztümer. Oft werden Kinder bestraft, indem man sie auf ihr Zimmer schickt, damit sie sich beruhigen: »Komm zurück, wenn du wieder höflich bist!« Fürs Kind ist diese Auszeit eine bittere Strafe, es tröstet sich dann mit irgendwelchen Gegenständen, nur spürt es keine Liebe, sondern nur den Schmerz der Ablehnung. So entgeht ihm die Erfahrung der vorbehaltlosen Liebe, und es wird sich selbst, aber später auch dem Lebenspartner keine vorbehaltlose Liebe schenken können. Es wird seinerseits auch dauernd Bedingungen stellen. Und auch sich selbst nimmt es nur dann an, wenn es dies und jenes geleistet hat.
Auch bei körperlichen Strafen entgeht den Kindern die Botschaft der Liebe – das »Ich mag dich trotzdem, auch wenn du mich so gekränkt hast!«. Damit das Kind weiß, dass die Mutter es liebt, darf die Mutter es nicht wegschicken, sondern sie muss es bei sich behalten – am besten ganz fest in die Arme nehmen und die Konfrontation mit ihm aushalten. Das Kind darf mitteilen, weshalb es frech oder wütend reagiert hat, und die Mutter darf ebenfalls sagen: »Wenn du immer so frech zu mir bist, verletzt mich das, aber ich mag dich trotzdem!«

Die Medien nützen die mangelnde Selbstliebe weidlich aus. Die vielen Menschen, die gewillt sind, sich einem bestimmten Druck oder Zwang auszusetzen, nur um geliebt zu werden, kaufen sich Zeitschriften, in denen sie professionell beraten werden, wie sie sich zurechtmachen müssen, um das andere Geschlecht zu erobern, welche Tipps und Tricks sie dabei anwenden können.

Es geht dabei nicht um ein elementares Gefühl der Liebe: Es wird eine Show abgezogen, die die Menschen immer unglücklicher werden lässt, bis es dann so weit kommt, dass sie sich nicht mehr aushalten und die Wände emporklettern. Der ganze westliche Lebensstil ist nach außen gerichtet – eine Fassade und weiter nichts. Und diese Fassade muss unterhalten werden: Sie ist nicht billig, aber solange das Bankkonto stimmt, ist scheinbar alles in bester Ordnung.

DER WEG ZU SICH SELBST

Der freie Flug

Häufig sagen Sie, die Rückkehr ins Nest muss garantiert sein, um die eigene Identität zu entfalten – was meinen Sie damit?

Ich meine damit keinesfalls, dass ein Kind zurück ins Nest soll. Es muss aus dem Nest hinausfliegen – das ist klar, sonst wird es ihm zu eng und stickig! Aber es muss wissen, dass es aus diesem ganz bestimmten Nest stammt, und dieses Nest sollte es nicht verachten.

Ich selbst habe für meinen eigenen freien Flug viele Jahrzehnte gebraucht. Das ging nicht sofort. Obwohl mich meine Mutter immer wieder in meinen Ängsten und Schmerzen in ihren Armen gehalten hat, hat sie es versäumt, mich zu halten, wenn ich böse war oder was angestellt habe. Da kam ich mir wie eine

Ausgestoßene vor, und in solchen Situationen hat sie mich auch meist mit meinem Vater verglichen. Also, ich weiß zwar schon von ihr, was das Festhalten bewirkt, aber auf ihre vorbehaltlose Liebe konnte ich mich als Kind nicht verlassen – deswegen habe ich mich nicht getraut, meine Trotzphase und später auch meine Pubertät auszuleben. Das war aber das Problem vieler Kinder aus meiner Generation – die natürliche Lust des Kindes, sich aufzubäumen, wurde untergraben und mit Rauswurf, Strafen, Prügel quittiert. Deswegen hatten wir dann die vielen Duckmäuser, die unter Hitler und Stalin mitgemacht haben: Sie waren die Opfer autoritärer Eltern und Pädagogen.

Meine Pubertät lebte ich dann zwar später aus, aber nicht gegen die Mutter, sondern gegen das Regime. Und ich verbrannte mir dabei die Flügel – mein Flug war anfangs zu frei. Ich brauchte sehr lange, bis ich wirklich frei fliegen konnte. Eine gewisse Geborgenheit hatte ich zwar erfahren, aber ich wusste andererseits: Von mir wird erwartet, dass ich immer mäßig, ordentlich, nicht auffallend, höflich, lieber angepasst als zu rebellisch sein möge. Doch jeder Mensch muss die Gelegenheit haben, mit dem Leben zu experimentieren, krumme Wege einzuschlagen, Herausforderungen entgegenzugehen, ohne dabei das Gefühl zu haben: Jetzt habe ich die Liebe meiner Mutter verspielt und die Nestwärme verloren.

Wenn das Kind Kind sein durfte, ist es dann auch gerne bereit, erwachsen zu werden und sich zu verwirklichen: Dann wird es sich und dem anderen einen freien Flug durchs Leben gönnen. Das weiß die Wissenschaft, das wissen die archaischen Stämme. Wir alle wissen es, und trotz allem bleibt es nur ein frommer Wunsch. Jeder von uns hat wegen der diversen Lücken in seinem Nest einen jeweils anderen freien Flug ins

Leben starten müssen: der eine früher, der andere später, mit vielen, mit wenigen Hindernissen ...

Wie stand Ihre Mutter zu Ihrem viel zu freien Flug?

Meine Mutter hatte öfter das Gefühl, sie müsse mich retten. Zum Beispiel damals, als ich im Altvatergebirge auf einer Berghütte zusammen mit einem Mann lebte. Ich wollte mit diesem Menschen ein neues Leben anfangen – nur wir zwei. Mein Helfersyndrom hinderte mich daran, gleich von Anfang an zu erkennen, dass mit ihm keine Idylle zustande kommen kann. Erst wollte ich sein Liebäugeln mit der Flasche gar nicht so richtig wahrhaben, aber dann wurde der Vorratskeller schneller leer, als ich dachte. Ich musste schließlich der Wahrheit ins Gesicht schauen. Er kümmerte sich um gar nichts, und alles blieb an mir hängen, es war ja sonst keiner da, der mir hätte helfen können. Ich kochte, putzte, überzog die Betten, wusch die Bettwäsche, machte den Ausschank usw. Während der Wintersaison, als die Skifahrer kamen, hatte ich alle Hände voll zu tun. Im Sommer hatte ich dann etwas mehr Zeit für mich – der Betrieb ließ etwas nach. Dann konnte ich auch die herrliche Natur, die Ruhe der Berge, die absolute Stille genießen. Einerseits beschäftigte mich natürlich die kaputte Beziehung, andererseits half mir die wunderbare mystische Bergwelt, zu mir zu kommen, zu meditieren und nachzudenken. Dort wurde mir klar, dass es wenig Sinn hat, sich für einen Menschen opfern zu wollen. Ich kam dem Kern meiner Persönlichkeit immer näher. Irgendwann musste ich mir dann eingestehen, dass es so mit meinem Partner nicht mehr weitergehen konnte.

Meine Mutter hatte es irgendwie erfahren. Und mit 65 Jahren kaufte sie sich einen Wanderstock und kletterte den steilen Berg hoch bis zu unserer Hütte. Meine liebe, liebe Mama wollte mich retten! – Ich entschied mich, zurückzukehren. Aber am Anfang fiel es mir sehr schwer, mich wieder an die Massen, den Lärm und Gestank der Stadt zu gewöhnen. Dieser Stress plötzlich wieder! Aber ich wollte meine Mama mit meinen Abenteuern nicht mehr quälen. Auch nahm ich wahr, dass sie älter wurde.

Nach meiner Rückkehr beschloss ich, mein Leben ohne einen Mann meistern zu wollen. Ich nahm die Zügel fest in die eigenen Hände. Da meine Mama schwächer wurde, nahm ich mir vor, ihr viel mehr als früher zu helfen. Wie eine Amazone übernahm ich die männlichen Aufgaben im Haus – schleppte die Kohlen im Winter, räumte die Scheune aus, schnitt Äste ab, füllte alle Formulare aus (zum Beispiel Hausversicherung, Steuern), verwaltete unser Bankkonto usw. Dem Garten widmete ich mich voller Begeisterung, weil ich erst spät meine Liebe zur Natur entdeckte und sie jetzt in vollen Zügen leben wollte. In meiner Jugend hatten mich hauptsächlich Menschen und das Gesellschaftsleben interessiert. Doch erfüllte mich nun diese Gartenarbeit mit Zufriedenheit und Stolz. Ich kümmerte mich mit viel Liebe um jeden Samen, um jedes Pflänzchen.

Es ist paradox: Zwar kehrte ich damals zurück ins Nest, aber innerlich flog ich wie ein freier Vogel. Die Abenteuer in der Außenwelt sind manchmal nur scheinbar freie Flüge. Die innere Freiheit kann man auch dann erreichen, wenn man vom Rollstuhl abhängig ist.

Wir kamen uns damals sehr nah – meine Mutter und ich. Sie genoss meinen Reifeprozess. Damals meinte sie sogar, mich mehr zu lieben als meine Schwester. Mir war es damals aber ganz unwichtig geworden – Hauptsache, sie liebt uns beide, jede auf eine andere Art und Weise.

Indem Sie sich selbst an Ihrer eigenen Person dieses Phänomen des freien Flugs erklären, können Sie anderen, die Sie um Rat bitten, einen freieren Weg zu sich selbst aufzeigen?

Es geht den meisten Menschen so, dass sie nicht die volle Nestwärme bekommen haben. Und ich vertrete durch meine eigene Erfahrung die Meinung, man kann den freien Flug doch noch verwirklichen. Also spreche ich den anderen Mut zu, diesen freien Flug zu wagen. Dazu müssen sie sich einige Fragen bewusst stellen – zum Beispiel: »Was ist meiner Mutter in ihrem Leben zugestoßen, dass sie nicht anders handeln konnte?« Auf diesem Weg kannst du dann vieles annehmen und deine Widerstände nicht auf andere übertragen. Du musst dich nicht an deiner Mutter rächen, indem du deinen Ehemann quälst, sondern du kannst dich davon ganz bewusst befreien. Einen solchen Prozess traue ich jedem erwachsenen, reifen Menschen zu.

Trotzdem machen Sie sich anlässlich des diesjährigen Kongresses Gedanken darüber, wie viel Nestwärme nötig ist, damit es leichter fällt, frei zu fliegen. Die Formulierung »Ohne Nestwärme kein freier Flug« könnte aber für viele wie ein Damoklesschwert klingen – so, als ließe sie keine Alternativen zu. Das heißt, wer keine Nestwärme erfuhr, kann sozusagen den freien Flug für immer und ewig vergessen.

Nein, das ist nicht so gemeint. Jeder von uns lebt auf seine eigene Weise den freien Flug und bringt seine Alternative ein durch das, was er mit auf den Weg bekommen hat. Wenn ich beispielsweise alles in meinem Nest bekommen hätte, hätte ich mir vielleicht manch einen Schmerz im Leben erspart, aber ich hätte auch keine Chance gehabt, an den Schmerzen zu wachsen. Kein Schmerz war umsonst. Ohne all die Schmerzen hätte ich ganz sicher nicht all das gemacht, was ich heute tue. Und ich wäre nicht das, was ich bin.

Viele Psychotherapeuten sind der Meinung, dass die frühkindlichen Defizite niemals aufzuholen sind. Was meinen Sie dazu?

Teilweise stimmt es. Einiges kann man sicherlich nicht aufholen, aber man kann sich von den Defiziten befreien. Der Königsweg zu dieser Befreiung ist der, dass ich mir bewusst mache, was und wie es mir geschah. Erst dann kann ich teilweise einiges aufholen oder therapeutisch verarbeiten, am besten tue ich das gleich mit der eigenen Mutter oder mit einer anderen adäquaten Person. Der eigene Ehepartner eignet sich allerdings am wenigsten für diesen Prozess. Aufgrund der Bemutterung wird er zur Mutter, und dann könnte es sein, dass er seine Frau als Frau verliert. Am besten helfen mütterliche Freundinnen. Es passiert häufig, dass Mütter ihre eigene fehlende Bemutterung beim eigenen Kind aufzuholen versuchen. Daraus erwächst dann ein seelischer Missbrauch des Kindes: Es muss auf die eigene Bemutterung verzichten, um für die Mutter zu sorgen. Diese Infantilität der Mutter ist eine der systemischen Ursachen für das Heranreifen eines kleinen Tyrannen.

Es fällt auf, dass Sie in diesem Zusammenhang von den Müttern sprechen. Sind vielleicht die Väter nicht ebenso betroffen?

So, wie ich es in der Praxis beobachte, sind es wirklich eher Frauen als Männer. Die Ursachen sind sicherlich vielschichtig. Vor allem handelt es sich wohl um eine Aktualisierung des frühkindlichen Traumas: Der Verlust der mütterlichen Zuwendung wird plötzlich in einer Frau wieder wachgerufen, sobald sie selber zur Mutter wird. Sie ist innerlich total aufgewühlt, reagiert also in einer typisch weiblich-emotionalen Weise. Im Gegensatz dazu liegen bei Männern mit ihrer typisch männlichen Art andere Verarbeitungsmechanismen vor, zum Beispiel Anklammerung an die Technik oder Selbststimulation mittels sportlicher Aktivitäten.

Wie erprobt das Kind seine Eigenständigkeit? Meist greifen ja Eltern als Korrektiv ein: »Mach das nicht so, sondern so, wie ich es dir zeige! Die Gabel oder das Messer hält man so und nicht anders!« usw.

Zum einen: Eltern, die in der Öffentlichkeit ihr Kind erziehen, demonstrieren Erziehung, erziehen das Kind aber nicht wirklich. Das heißt, zu Hause macht das Kind, was es will, deswegen versucht es das dann auch im öffentlichen Raum. Aber genau dort wollen ja Eltern als gute Erzieher erscheinen und nach außen hin den anderen die Botschaft vermitteln, wir verstehen es, mit unseren Kindern umzugehen. Zum anderen: Anstelle von Mahnungen braucht das Kind Lob: »Wie schön du die Gabel hältst! Wie ruhig du sitzt!« Tadel macht die Kinder eher unruhig und verunsichert sie.

Ich erinnere mich an einen Jungen, Sohn eines Goldgräbers, den ich damals, als ich im Sudetenland als Lehrerin tätig war, unterrichtete. Er wuchs alleine mit seinem Vater auf, hatte rotes Haar wie Pumuckl, ist dreimal sitzen geblieben, war aggressiv zu anderen Kinder und frech zu den Lehrern. So ein Unruhestifter bringt die ganze Klasse durcheinander, er ist ein Alptraum für jeden Lehrer. Eines Tages gab ich den Schülern eine Schreibaufgabe und ging langsam durch die Reihen. Und siehe da, dieser Lausbub saß ganz brav, hielt ordentlich den Bleistift in der Hand und schrieb. Tatsächlich, er tat das, was er tun sollte. Und in dem Augenblick überkam mich ein Gefühl solcher Rührung, dass ich ihm meine Hand auf den Kopf legte und fragte: »Du, Josef, du bist doch so ein guter und starker Junge … Könntest du mir vielleicht mit den Theaterkulissen helfen?« Er wurde tatsächlich mein Helfer. Ich konnte ihn mit der Aufsicht auf dem Pausenhof beauftragen: Er jagte die Kinder durch den ganzen Schulhof, dass sie genügend Bewegung bekamen und sich dann freuten, im Unterricht endlich sitzen zu dürfen. So einfach verlief seine »Umerziehung«! Ich sprach meine Bewunderung aus und gab ihm eine Gelegenheit, sich zu verwirklichen. Was doch Lob und Anerkennung bewirken können!

Wann ist das Kind eigentlich reif, wann kann man ihm zutrauen, dass es sich auch alleine zurechtfindet? In einem Ihrer Bücher heißt es: »Ohne Schale kann es nicht werden und ohne das wärmende Nest, die wärmende Glucke, auch nicht. Aber wenn es an der Zeit ist, bricht es die Schale auf und verlässt sie, und wenn es noch reifer geworden ist, verlässt es auch das Nest und braucht die Glucke nicht mehr.«

Dies Zitat zeigt, dass im Tierreich das Gleiche gilt: Wenn die kleinen Entlein das Nest verlassen haben, dann schwimmen sie noch der Mutter hinterher und ahmen sie nach. Oder wenn das kleine Äffchen da draußen Unfug treibt, nimmt die Affenmutter es noch mal zurück ins Nest, damit es sich in ihrer Nähe austobt – also das Verhalten wird korrigiert, damit die Überlebenschance gesichert ist.

Auch Kinder brauchen bis zur Pubertät ein Korrektiv – Vorbilder oder Bestätigungen. Das klare Ja und Nein in der Erziehung ist wie das Ein- und Ausatmen: Das Ja, das Einatmen, belebt, macht Freude, da spürt man die Kraft; aber das Nein, das Ausatmen, ist auch wichtig, um sich an dem Ja umso mehr freuen zu können. Und wenn ein Kind spürt, wie sehr sich jemand an ihm freut, wenn es bei Tisch nicht die ganze Zeit schreit, dann wird es gerne so sein, wie man es von ihm erwartet.

Ich habe mal eine ganz schöne Szene in einem Hotel erlebt. Eine Familie mit zwei Kindern, das eine sechs Jahre alt, das andere zwei, saß am Frühstückstisch, jeder aß vor sich hin – auch das zweijährige Kind löffelte seinen Brei ganz alleine. Plötzlich schrie es auf: Es hatte ein Körbchen mit bunten Ostereiern gesehen und wollte unbedingt so ein Ei haben. Der Vater beugte sich zum Kind hin und flüsterte ihm zu: »Du musst es leiser sagen!« Darauf teilte ihm das Kind den Wunsch leise mit. Und es bekam vom Vater ein Ei. – So geht es auch! Ohne aggressiv und laut zu werden, zeigt man dem Kind, wie man selbst einen Wunsch äußern würde. Dann hat das Kind ein Vorbild, das es nachahmen kann.

Vorbilder – Regeln – Strafen

Wie wichtig sind die Vorbilder für ein Kind?

Wenn ich möchte, dass ein Kind Regeln akzeptiert, muss ich mich selbst daran halten. Theoretisch kann ich dem Kind nichts vermitteln, nur durch mein eigenes Beispiel – so, wie ich mich am Esstisch verhalte, so wird es sich auch verhalten. Wenn es Streit gibt, merkt es, wie ich damit umgehe: Ich schaue beispielsweise meinem Partner in die Augen und rede mit ihm, statt hinauszugehen und die Tür zuzuknallen. Bei einem Konflikt mit mir wird das Kind dann wissen, dass ich mich mit ihm ebenfalls von Angesicht zu Angesicht auseinander setzen möchte, damit wir uns versöhnen können, und es wird diese Lebensform übernehmen.

Wir lesen Kindern gerne Märchen vor – inwiefern können sie sich danach orientieren?

Märchen sind so etwas wie eine Vorbereitung fürs Leben – die Kinder können sich an Krisensituationen gewöhnen: Die Helden gehen durch große Krisen, es ereignen sich viele Dramen, alles droht im Chaos zu versinken – und trotzdem wird die Hoffnung nicht aufgegeben, sodass dann das Ende auch meist ein gutes ist. Es geht auch immer um das Thema »Gerechtigkeit« – ein weiterer wesentlicher Aspekt, der später im Leben der Kinder eine große Rolle spielen wird. Wir erfahren, weshalb jemand als gut, weshalb jemand als böse gilt – es gibt keine Ambivalenzen. Die Werte sind genauso wie im Leben eindeutig zugeordnet. Das Kind lernt sie dann nicht nur aus dem Familiengeschehen, durch das Vorbild der Eltern kennen, sondern noch mal aus einer ganz anderen Perspektive, die ihnen bestätigt, dass es sich um allgemeine Wahrheiten handelt.

Aber viele Märchen wie Das Mädchen mit den Streichhölzern *sind sehr traurig ...*

Auch traurige Geschichten kann man den Kindern erzählen, nur sollte man sie dann im Arm halten: Das Kind kann alles ertragen im Schutz der haltenden Eltern – auch schlimme Wahrheiten. Zum Beispiel kann ich ihm auch sagen, dass sein Vater Selbstmord begangen hat, nur darf ich es dann nicht auf Distanz, sondern muss es nah bei mir halten. Das vermittelt das Gefühl: Du bist nicht verloren und wirst nicht allein gelassen mit dieser bitteren Wahrheit. Ich bin bei dir!

Meist sind aber die Mütter selbst überfordert und durch ihre eigenen Schmerzen überwältigt.

Ja, weil sie ihre eigene Geschichte noch nicht verarbeitet haben. Sie müssen erst selbst gehalten werden und ihre tiefe Wahrheit erfahren und ertragen, bevor sie ihrem Kind Wahrheiten mitteilen. Viele Mütter wie auch Väter sind selbst seelisch unterernährt.

Inwiefern braucht das Kind Regeln?

Nicht nur das Kind. Wir alle brauchen Regeln. Ganz allgemein gesprochen: Regeln erleichtern das Zusammenleben in der Familie und in der Gesellschaft. Nicht nur Kinder, wir alle müssen uns an gewisse Regeln halten.

Da ist dann wieder Anpassung vonnöten …

Wenn ich mich beispielsweise an die Verkehrsregeln nicht anpasse, bin ich alsbald aus dem Straßenverkehr ausgeschieden. Ich gebe ja zu, ich gehöre auch zu jenen, die gerne schnell fahren. Aber wenn ich mich nicht an die Geschwindigkeitsregeln halte, bin ich meinen Führerschein los. Und das ist mir schon einmal passiert. Ich erzähle diese Geschichte gerne auf Vorträgen, wenn es um den Sinn und Unsinn von Strafen geht.
Als alte Dame wähnte ich mich in Sicherheit: Allein schon das Alter würde mich davor schützen, noch mal im Leben bestraft zu werden. Und siehe da, meine Kalkulation ging nicht auf: Ich wurde dennoch bestraft, und zwar wegen sechsmaliger Überschreitung der Geschwindigkeit: Entzug des Führerscheins für einen Monat und zusätzlich Bußgeld. Diese Strafe hatte sowohl positive als auch negative Auswirkungen. Das Gute daran war: Seither halte ich die Verkehrsregeln stur ein – aus Angst vor weiteren Strafen. Es ist doch was Positives, dass ich noch in so einem hohen Alter flexibel bin und umlernen kann?! Ich halte also die 30 Stundenkilometer ein, selbst wenn mich jemand von hinten bedrängt. Kurz: An meinem heutigen Fahrverhalten kann man erkennen, dass ich schon mal wegen meines eigenwilligen Fahrstils büßen musste. Wenn ich aber im Ausland bin, zum Beispiel kurz nach dem Grenzübergang nach Tschechien, und ich die freie, trockene, gut ausgebaute Auto-

bahn sehe, dann fahre ich los mit dem Gefühl »Ätsch, deutsche Polizei, hier erwischst du mich nicht!«. Ich weiß, dass die tschechische Polizei bestechlich ist, sodass ich auf alle Fälle gut gewappnet bin. – Merken Sie, wie meine kriminelle Energie wach wird?

Eine weitere negative Seite: Ich war vor meiner Strafe der deutschen Verkehrspolizei gegenüber wohl gesinnt – sie schützt uns und dafür bin ich ihr dankbar. Seit der Strafe jedoch denke ich, wenn ich irgendwelche Radarfallen entdecke: »Schon wieder zocken die uns ab!« Da steigt Rache, Wut, Aggression hoch gegen den, der mich beobachtet, kontrolliert und bestraft. Und so fühlt sich jedes Kind, wenn es mit rein äußerlichen Mitteln bestraft wird und keine tiefe Einsicht gewinnt, weshalb die Strafe berechtigt war.

Meine Erkenntnis aus meinem Straf-Erlebnis war: Dort, wo ich mich beobachtet fühle, bin ich bereit, mein äußeres Verhalten anzupassen, aber meine innere Beziehung zum freien Fahren hat sich nicht verändert. Ich habe mein Verhalten – von außen gesehen – angepasst, aber innerlich blieb ich unberührt. Vielleicht würde ich mich auch innerlich verändern, wenn ich eine spezielle Auszeichnung vom Kraftfahrt-Bundesamt in Flensburg bekäme: »Obwohl Sie so gerne schnell fahren, halten Sie sich an die Regeln. Wir würdigen es sehr, wir überreichen Ihnen hiermit diese Medaille.« Dann würde ich auf jedem Vortrag zeigen, was Lob und Anerkennung bewirken können. Sie können nämlich in der Tat mehr bewirken als sämtliche Strafen dieser Welt.

Wir leben leider in einer Gesellschaft, die mit Strafen umgehen muss, um nicht in Anarchie zu versinken. Wenn ich falsch parke, wird mein Auto abgeschleppt; wenn ich Steuern hinterziehe, zahle ich Bußgeld und gehe vielleicht eine Zeit lang ins

Gefängnis – mit alldem muss ich rechnen. Eine organisierte Gesellschaft kommt ohne Strafen nicht aus – dies muss ein Kind möglichst früh mitbekommen, dass, wenn es etwas anstellt, die logische Konsequenz daraus ist, dass es bestraft wird: Hat es sein Fahrrad mitten auf der Straße liegen lassen, dann wird es das Fahrrad eine Weile nicht mehr benutzen dürfen.

Das Kind dürfte aber nicht aus purer Angst vor einer Strafe etwas unterlassen, sondern aus Einsicht.

Um Ihnen zu widersprechen, hilft mir die eigene Erfahrung am besten: Ich habe zwar eine echte Einsicht, dass ich in der Nähe der Schulgebäude oder in der Stadtmitte nicht schneller als mit 30 Stundenkilometern fahren darf. Aber ich sehe nicht ein, warum ich hier nicht schneller fahren kann, wenn bei Nacht die Straßen menschenleer sind. Dennoch muss ich der Anordnung folgen, sonst werde ich bestraft.

Um dies dem Kind verständlich zu machen, braucht es manchmal einige intensive Erlebnisse, wie mein Erlebnis mit dem Führerscheinentzug, um wirklich festzustellen: Es ist tatsächlich so! Es gibt Regeln, über die ich mich nicht hinwegsetzen darf! – Es ist selbstverständlich, dass sich das Kind die Finger verbrennen muss, damit es weiß, die Herdplatte ist tatsächlich so heiß, wie es ihm seine Mutter gesagt hat. Es muss seine Erfahrungen machen.

Temperamentvolle Kinder kitzeln sowieso das Schicksal heraus: Ob das wirklich so stimmt, wie die Mama das erzählt?! Sie müssen ihre bitteren Selbsterfahrungen immer wieder machen ... Mit einem anpassungswilligen Kind ist es vielleicht leichter – es hört eher auf die Mutter. Aber ein dynamisches muss unbedingt mit dem Kopf durch die Wand gehen. Das Temperament muss in diesem Zusammenhang immer mit berücksichtigt werden.

Haben Sie die Einsicht, dass Kinder sich am Vorbild der Eltern orientieren, schon damals als junge Lehrerin im Sudetenland gehabt?

Da erinnere ich mich an eine Geschichte aus dieser Zeit: Ein kleiner Zigeunerjunge machte mir arg zu schaffen. Er war wie alle anderen Zigeuner resistent gegen unsere Disziplin und Kultur. Er hielt es für eine Ehrensache, der Lehrerin nicht zu gehorchen. Also dachte ich mir, es bleibt mir nichts anderes übrig, als seine Eltern irgendwie zu überzeugen, dass Lesen und Schreiben wichtig ist. Ich meldete bei dieser Zigeunerfamilie meinen Besuch an, der auch akzeptiert wurde. Sie luden mich sogar zum Abendessen ein! Da konnte ich leider nicht »Nein« sagen. Mir ist fast übel geworden, als die alte Zigeunerin mit den schmutzigen Händen die Fladen aus dem Teig formte. Schnell schlang ich das Ding runter. Sie freute sich: »Hat's geschmeckt?! Wollen Sie noch einen?« – Dieses Opfer allerdings, ihren Fladen zu essen, war nicht umsonst, weil sich manch einer von den alten Familienangehörigen bereit erklärte, lesen und schreiben lernen zu wollen. So kam es, dass auch ihre Kinder in der Schule nicht mehr rebellierten.

Das Image

Wenn das Kind dem Vater oder der Mutter nur deshalb was zuliebe tut, damit es als »brav« gilt, pflegt es letztlich ein Image, das falsch ist.

Ja, das kann passieren – dann kann ihm später seine Imagepflege zum Verhängnis werden: Es entwickelt ein falsches Ego. Zum Beispiel ist das häufig bei den Erstgeborenen der Fall. Die Eltern haben dem Erstgeborenen vermittelt, dass er der Ältere ist und deshalb den kleineren Geschwistern helfen muss. Und natürlich wird er dies auch tun, denn nur so ist er sich der Liebe seiner Eltern ganz sicher. Später erlernt er einen Helferberuf und hilft sein ganzes Leben lang, aber nicht bedingungslos, denn er ist nicht wirklich frei: Er frönt seinem Image, das ihm noch in seiner Kindheit verpasst wurde.

Gibt es überhaupt ein Image, das man gerne abgibt, weil es mit einem inneren Bild in Resonanz steht?

Ja, und es ist mir wichtig, zu wissen, dass ich beispielsweise auf manche wie eine Großmutter wirke, die Verständnis hat und warmherzig ist. Dieses Image der Oma möchte ich dann gar nicht verraten, ich stehe dazu – es korrespondiert durchaus mit etwas, was ich auch in mir trage. Daher ist es nicht substanzlos. Denn dieses Image – das Bild, das ich in unterschiedlichen Situationen abgebe, mein Erscheinungsbild – bin ich auch. Ich spüre gleichzeitig, dass ich sehr viel mehr bin als dieses eine ganz bestimmte Erscheinungsbild. Aber dieses Image ist keineswegs eine Täuschung, eine Fassade oder ein falsches Bild von mir selbst – es ist eine Facette von vielen.

Wenn Sie Vorträge halten, geben Sie das Image einer lebhaften Frau ab, die mit ihren Zeitgenossen ins Gespräch kommen möchte, weil sie viel zu erzählen hat und auch kompetent beraten kann – das ist dann auch ein Bild, das mit Ihrer Innenwelt korrespondiert?

Ja, wenn ich zu mir stehe, verkörpere ich kein falsches Bild von mir – egal, ob ich mit Ihnen spreche, mit meiner Schwester oder ob ich einen Vortrag halte. Aber der Abteilungsleiter einer Firma, der während seiner Arbeitszeit dauernd bemüht ist, rücksichtsvoll und sozial zu sein, dann aber seine ganze Wut und den angestauten Ärger an seiner Familie auslässt, der setzt während seiner Arbeitszeit ein falsches Image auf – zu Hause dann allerdings auch.

Das Bild von uns, das wir als stimmig empfinden und mit uns selbst vereinbaren können, ist also ein Image im positiven Sinne. Das falsche Image ist Täuschung – ich möchte die anderen über mich selbst im Dunkeln lassen. Trotzdem begegnen wir eher dem Letzteren – wieso?

Um mein eigenes Image nicht nur negativ verstehen zu können, muss ich mich lieben, wie ich bin. Und genau dies können viele Menschen nicht! Erst dann kann ich zu dem Image stehen, das ich abgebe. Wenn ich mich nicht verleugne, dann steht mein Image in Verbindung zu meiner Substanz.

Seitdem Sie im Ruhestand sind, haben Sie mehr Zeit für Ihre Vorträge und reisen durch die Welt, überwiegend durch Deutschland, Österreich, Schweiz, Italien, Schweden, Tschechien usw. Sie fliegen auch regelmäßig nach Mexiko. Wie kamen Sie aber eigentlich dazu, Vorträge zu halten?

Das erste Mal sprach ich zu Eltern behinderter Kinder, und trotz meines mährischen Dialekts mochte der Veranstalter meine leicht verständliche Ausdrucksweise. Meine Vorgängerin, eine Psychologin, fing ihren Vortrag meist mit den Worten an: »Ich werde viele Fremdwörter benutzen und hoffe, dass Sie sie auch alle verstehen.« Damit hatte sie beim Publikum schon verloren. Wenn ich vor keinem Fachpublikum spreche, benutze ich auch keine Fachausdrücke und stelle mich am besten auf das Niveau einer Wäscherin ein – in der Hoffnung, dass es auch der Psychologieprofessor verstehen und mir nicht übel nehmen wird, dass ich mit so einfachen Worten zu ihm spreche. Deshalb also wendete sich der Veranstalter an mich, ob ich den nächsten Vortrag nicht übernehmen könnte, weil er meine verständliche Vortragsweise schätzte.
An diesem ersten Abend war auch ein Ehepaar anwesend, das ein Adoptivkind angenommen hatte. Der Vater war Verlagslektor im Quell-Verlag und bat mich dann um einen Beitrag zu einem Buch über Adoptivkinder: *Wir haben ein Kind angenommen.* Ich bearbeitete alle Berichte der Eltern und schrieb noch einen Kommentar dazu. Dieses Buch trug noch nicht meinen Namen, doch damit fing dann auch meine schriftstellerische Tätigkeit an. Eins fügte sich zum anderen!

ELTERN-FÜHRERSCHEIN UND INNERER KOMPASS

Der Umgang mit Aggression, Wut und Konflikten

Man braucht für alles, was man tut, Zeugnisse, Passier- und Führerscheine, nur wenn man Vater beziehungsweise Mutter werden will, muss man gar nichts vorweisen. Aber gerade die Elternschaft bedeutet, eine große Verantwortung zu übernehmen – sollte man da nicht einen Eltern-Führerschein einführen, um mehr Nestwärme und weniger Depressionen zu generieren?

So wie jeder in der Lage ist, Auto zu fahren, so kann auch jeder Mensch Mutter beziehungsweise Vater werden. Nur er muss lernen, mit dem Auto umzugehen, sonst fährt es nicht. Er muss wissen, was das Kind in jeder Wachstumsstufe braucht: Nach der Geburt braucht es was anderes als nach dem ersten Lebens-

jahr – seine Freiheit nimmt zu. Bis wann binde ich es an mich, wann lasse ich es seine Wege gehen? Dann muss mir klar sein, dass alle Kinder bestimmte Regeln zur Orientierung brauchen: Was ist erlaubt, was nicht – die Oma beißen ist schlecht, aber gut ist es, in den Apfel zu beißen. So lernen Kinder allmählich, dass jede Tätigkeit zwei Seiten hat: Liebe ist gut, aber sie kann auch klammernd werden, und dann behindert sie die individuelle Entfaltung und das Wachstum. Ich muss auch dem Negativen ins Auge schauen, sonst kann ich das Positive nicht herausschälen: Einen Streit darf ich nicht unter den Tisch kehren, ich muss ihn verarbeiten, sonst gibt es keine Versöhnung. Werte können dem Kind nur die Eltern vermitteln. Das Wertesystem entwickelt sich im Kind gleich ab dem ersten Lebensjahr. Und dieses Wertesystem wird sich dann allmählich ausweiten und zu einem fruchtbaren Ethos überleiten.
Wie man Grenzen setzt und Regeln aufstellt und trotzdem nicht zwanghaft wirkt, müssen Paare heute oft nachträglich lernen, weil sie es zu Hause nicht erlebt haben. Sie bräuchten also tatsächlich eine Art Eltern-Führerschein: Darunter stelle ich mir eine Schulung für das junge Paar vor, damit die Partner lernen, mit Konflikten umzugehen, damit sie sich nicht gleich nach dem ersten Krach scheiden lassen und merken, dass sich der Krach durchaus in Liebe verwandeln lässt. Wenn sie dann Kinder bekommen, müssen sie zu einer goldenen Mitte finden: weder autoritär noch antiautoritär, sondern der Kinderseele angemessen. Auch dürfen zum Beispiel keine allzu großen Differenzen zwischen Mann und Frau in ihrem jeweiligen Bezug zum Kind auftreten – so etwas kann das Kind total verwirren. Das sind nur einige wenige, aber wesentliche Aspekte, die ich beim Erstellen eines Eltern-Führerscheins berücksichtigen würde.

Ein guter Zeitpunkt, ein Kind zu bekommen, wäre also, wenn sich die Partner ausgetauscht haben und in wesentlichen Punkten übereinstimmen …

Sie müssen in erster Linie reif sein, um überhaupt miteinander in ein fruchtbares Gespräch zu kommen. Zum Beispiel müssen sie im Vorfeld klären, wie sie damit umgehen wollen, wenn sie selbst mal Streit haben: Das Kind soll, wenn es überhaupt anwesend ist, nicht nur den Streit, es muss auch ihre Versöhnung mitbekommen. Auch darf man ihm nicht heftige Affekte wie Zorn oder verzweifeltes Weinen zumuten, denn sie beziehen sich ja nicht aufs Kind und bleiben ihm deshalb unverständlich. Ich darf das Kind nie anschreien, nur weil ich genervt bin und mir im Moment alles zu viel ist. Das ist meine Wut und ich sollte sie gegen mich selbst richten und nicht mein Kind dazu missbrauchen, um mich abzureagieren. Das ist das Schicksal vieler Kinder heute, dass sie es mit unempathischen Eltern zu tun haben. Die Kinder sind total verunsichert – sie wissen nicht, was auf sie zukommt: Wird die Mama wütend oder freundlich sein?

Wie könnte man Wut oder Aggression kultivieren, sodass diese Gefühle das Gegenüber nicht gleich erschlagen, sondern dass es sie versteht?

Schon in den Schulen müsste man Schülern beibringen, wie man mit Konflikten umgeht – dass man immer über sich in Ich-Botschaften sprechen sollte: »Ich bin wütend, verärgert, traurig, weil …«, und nicht dauernd Du-Botschaften vermittelt: »Du bist schlecht, böse, unmöglich …« Die Kultivierung der

Aggression müsste im Elternhaus, aber auch in den Schulen vermehrt betrieben werden. Es geht nicht nur darum, gute Noten in Mathematik zu bekommen, sondern auch den Umgang mit Menschen zu üben.

Die meisten Paare machen sich kaum Gedanken über all das, was auf sie zukommt, wenn sie heiraten und sich Kinder wünschen.

Ja, denn die meisten wünschen sich nichts sehnlicher als Liebe und Treue in der Beziehung. Es sollte immer Friede, Freude, Eierkuchen herrschen! Aber ohne Spaß und Ironie: In einer Umfrage wurden junge Erwachsene in Deutschland gefragt, ob sie sich eine lebenslange Liebesbeziehung mit einem Ehepartner wünschten. 96 Prozent haben das bejaht! Dagegen zeigt aber die hohe Scheidungsrate, dass dies nur ein frommer Wunsch ist, denn die Menschen können ihn nicht leben und verwirklichen. Sie versprechen sich zwar vor dem Altar, »in guten wie in schlechten Zeiten« zusammenzubleiben, aber sobald die schlechten Zeiten ausbrechen, trennen sie sich und sind bitter enttäuscht. Dann folgen Depressionen und Traurigkeit. Das kommt daher, dass sich junge Leute sorgen- und gedankenlos in die Partnerschaft und Elternschaft stürzen. Vor allem aber wird ihnen zum Verhängnis, dass sie nicht gelernt haben, wie man schlechte Zeiten durchsteht, ohne gleich davonzulaufen.

War das früher anders?

Früher musste man schon wegen der sozialen Abhängigkeit oder wegen der kirchlichen Tabus zusammenhalten. Aber es geht mir nicht darum, die verflossenen Zeiten zu glorifizieren, sondern sie realistisch einzuschätzen. Früher wussten Paare schon eher, auf was sie sich einlassen und was auf sie zukommt, wenn sie sich Kinder wünschten, denn sie kamen meist aus Großfamilien: Ein Kind wuchs früher mit sehr vielen Geschwistern zusammen auf, und so lernte es sehr bald, was das bedeutet, Kind zu sein. Die älteren Kinder wussten, wie man das kleinste Kind wickelt, ihm ein paar Löffel Brei gibt oder es tröstet. Auch die Großeltern oder sogar Tanten musste man akzeptieren. Konflikte, die sich ergaben, wurden ausgetragen oder still ertragen, denn es gab nicht für jeden einen Rückzugsraum, in dem man sich hätte austoben können. Heute kommen die jungen Leute meist aus der Einzelkind-Position. Sie haben nicht gelernt, was es bedeutet, ein Kind zu betreuen oder sich an nicht besonders komfortable Bedingungen anzupassen. Als junges Paar wünschen sie sich dann ein Kind und wollen selbstverständlich alles anders machen als ihre Eltern: »Bloß nicht wie die eigenen Eltern werden!«

Nach demselben Motto wollte die antiautoritäre Erziehung verfahren: »Keine Grenzen, keine Regeln, keine Strenge!« – ein Leitsatz, der die eigene Sehnsucht nach Freiheit ausdrückte, der aber nicht auf den Umgang mit Kindern ausgerichtet war. Die Eltern der antiautoritären Welle waren noch selber Kinder – orientierungslose Menschen, die keine Orientierung bieten konnten. Eine das halbe, wenn nicht das ganze Leben anhaltende Rebellion gegen das Elternhaus zeugt nicht von Reife. So kam es, dass diese Eltern oft »kleine Tyrannen« heranzüchteten. Als sie mit ihrem Tyrannen gescheitert waren, wunderten sie sich, wieso die Ideale der Freiheit sie in die Sackgasse geführt hatten. Sie duldeten es eine gute Zeit lang, dass das Kind anfing, sie zu schlagen oder zu beißen, und amüsierten sich darüber, was für ein toller freier Vogel ihr Kind ist. Nur als das Kind in eine Kindergemeinschaft integriert werden sollte, als es notwendig wurde, sich der Kindergärtnerin oder dem Lehrer unterzuordnen, da mussten sie mit ihrem Kind zur Beratung kommen – traurig, niedergeschlagen und unfähig, ihr eigenes Kind zur geringsten Anpassung anzuleiten.

Also dann doch: zurück zur autoritären Erziehung?

Nein, sondern, wie ich bereits betonte, hin zu einer dem kindlichen Wesen angemessenen Erziehung, und das bedeutet: selbst reif zu sein und nicht dem Zwang zu unterliegen, Extreme ausprobieren und sie in der Erziehungsweise absolut setzen zu müssen.

Das würde also bedeuten, dass einige Merkmale der autoritären Erziehung übernommen werden könnten.

Genau. In der autoritären Erziehung hat man weniger Liebe, dafür mehr Sicherheit bekommen: Man bekam ein klares Ja beziehungsweise Nein mit. Und diese Klarheit ist wesentlich – sie ging aber den Kindern der antiautoritären Erziehung verloren. Und da sie meist Einzelkinder sind, haben sie keine Frustrationstoleranz, denn die übt man früh ein, wenn man eine ganze Geschwistergruppe aushalten muss oder der Mutter als Kind schon zur Seite stehen musste, um bei der Arbeit zu helfen, so, wie das im Falle der Nachkriegskinder war: Der Vater war noch in der Gefangenschaft und die Mutter musste zwischen Ruinen hausen und tagtäglich fürs Essen sorgen. Da wurden die Kinder aufgefordert, mitzusorgen und mitzudenken. Viel zu früh mussten sie die Härte des Lebens kennen lernen, wurden zäh und belastbar im Gegensatz zu Kindern, die in der Ideologie der 68er-Jahre in der Ich- und Spaßgesellschaft groß geworden sind: »Nur, wenn ich will ...« »Wenn es mir Spaß macht ...« »Kein Bock!« »Wenn mich die Mama ärgert, gehe ich auf mein Zimmer ...«

Diese Kinder haben nicht gelernt, Konflikte auszutragen, weil die Mutter selbst den Konflikten auswich. Man lernte, voneinander wegzugehen. Sind dann diese Kinder erwachsen, träumen sie von der großen Liebe – und von einem romantischen Eheleben mit Kindern. Aber schon bei der Geburt wird die Romantik gestört, denn welche Geburt ist schon sanft? Im Kaiserschnitt sehen dann viele junge Frauen die rettende Lösung. Wenn auch noch die Hebamme unsensibel ihr gegenüber war, ist die junge Mutter schwer enttäuscht. Und so geht's von einer Enttäuschung in die nächste: Das Kind ist nicht nur still, es brüllt auch oft laut los – vermeintlich ohne Grund, aber meist ist der Grund der, dass es die Verunsicherung und Enttäuschung der Mutter spürt. Wenn das Kind dann laufen kann, nach Gegenständen greift und Bücher aus dem Regal wirft, wissen die Eltern nicht, wie sie »Nein« sagen sollen. Sie reagieren sofort wütend statt fürsorglich.

Wie würden Sie reagieren?

Ich würde das Kind eine Weile beobachten und sehen, was es überhaupt machen möchte, vielleicht kann man es auch einfach gewähren lassen, ohne einzugreifen – schließlich macht es nichts Lebensgefährliches. Aber man kann es auch in einem sanften Ton zurechtweisen: »Nein, das ist Papas Computer. Du hast dort deine Legosteine – mit denen darfst du spielen!« Aber das hat die antiautoritär erzogene Generation nicht gelernt: Sie haben gelernt, ihre Gefühle, ihre Wut und Aggression auszudrücken – frei nach dem Motto »Ich mache das, was ich will!«. So kommt es, dass die Kinder von heute, die Kinder der früheren »kleinen Tyrannen«, arme Würstchen sind – total verunsichert, unruhig, hyperaktiv, depressiv, traurig. Auch die Kindergärtnerinnen und Lehrer gehören heute noch zu dieser Welle der früheren »kleinen Tyrannen«: Sie halten nichts aus und wollen möglichst bald in Rente gehen, statt sich mit traurigen, unruhigen, fordernden Kindern zu beschäftigen. Heute sind die Kinder in der Tat zu bedauern, weil sie es mit lauter Egomanen zu tun haben – mit Erwachsenen, die die antiautoritäre Erziehung »genossen« haben. Deshalb vermeide ich es heute, Vorträge über den »kleinen Tyrannen« zu halten. Das ist heute nicht mehr das große Thema!

Fehler und Irrtümer

Das Kind erleidet Störungen, wenn die gefühlsmäßige Bindung zur Mutter abbricht oder wenn die Mutter es nicht schafft, sich dem Kind zu stellen. Gibt es einen inneren Kompass, der ihr sagt, wie es ums Kind bestellt ist?

Das Problem vieler Mütter ist, dass sie meinen, sie müssten dem Kind ihre Gefühle zeigen, was sie dann auch – ohne zu überlegen – tun. Doch in ihrem affektiven Ausbruch wiederholen sie genau ihre eigene Mutter. Sie schreien das Kind an: »Raus!« – genauso, wie sie das in ihrer Kindheit erfahren haben. Denn diese Vorgehensweise hat sich in ihr affektives Gedächtnis eingeschrieben.
Man müsste innehalten und tief durchatmen, bevor man losbrüllt: Verdient das Kind den Rausschmiss wirklich? Gilt meine Wut tatsächlich ihm oder jemand anderem? Diese kurze Zeit des Innehaltens und der Selbstbeherrschung erfüllt die Funktion eines Kompasses: Man orientiert sich und überlegt, was tue ich, wie reagiere ich, wenn ich spüre, dass meine Affekte in mir wüten?

Aber wenn die Mutter nicht gleich reagiert, könnte es ja vielleicht sein, dass das Kind die Mutter als schwach empfindet. Und es nützt vielleicht ihre Reaktionsschwäche aus.

Nein, wenn die Mutter die Fähigkeit besitzt, innezuhalten, bevor sie reagiert, kann dem Kind nichts Besseres passieren. Das Innehalten hat den großen Vorteil, dass die Mutter sich aus-

schließlich auf das Kind besinnt: Wie reagiere ich, damit ich es nicht brüskiere?
Ich sehe mich auch an dieser Stelle als Anwalt des Kindes, eine Rolle, die ich übrigens immer erfülle: Das Kind sollte in einer Familiendynamik immer der wesentlichste Knotenpunkt sein. Es geht nämlich um die ganze Menschheit und nicht nur um heute und morgen. Wie gehe ich mit meinem Kind um? – Das ist eine Frage, die über unser aller Zukunft entscheidet. Mit ihr ist die Frage »Was für einen Menschen wollen wir in Zukunft haben?« beantwortet.

Jede Mutter möchte ja perfekt sein ...

Perfektionismus gibt es nicht – Fehler machen wir immer, und sie müssen sogar sein, sonst entgeht dem Kind die Chance, die Mutter vorbehaltlos zu lieben.

Aber das Kind wird doch die Fehler der Mutter gar nicht als solche erkennen – es sei denn, die Mutter entschuldigt sich bei ihm für ihr Verhalten.

Entschuldigen muss sie sich nicht – schon allein des Alters wegen kann das Kind die erwachsenen Eltern nicht von »Schuld« befreien; da stimme ich Hellinger zu, der betont, dass Entschuldigungen in dieser Beziehungsrichtung nicht passen. Aber sie kann dem Kind sagen: »Es tut mir Leid!«
Die Bemühungen der Mutter sollten darin liegen, möglichst echt zu sein. Perfekt sein zu wollen, ist schrecklich, weil es äußerst unnatürlich wirkt. Das Kind muss auch lernen, wie

man mit der Wiedergutmachung umgeht. Es bekommt damit den Freispruch mit auf seinen Lebensweg, Fehler machen zu dürfen, ohne Angst haben zu müssen, bestraft zu werden. Fehler macht man immer, wenn man neue Wege geht. Und neue Wege zu erkunden, ist unser aller Aufgabe.

»Es irrt der Mensch, solang er strebt ...«

Ja, Versuch und Irrtum gehören zusammen. Das Gesetz des Lebens ist die Polarität – sie waltet in allem. Der Weg zur Auferstehung ist der Weg des Kreuzes ... Ohne Fehler und Krisen gibt es keine Höhepunkte im Leben! Und es ist ein Irrtum, wenn Pädagogen sämtliche Fehler eliminieren wollen. Zum Elixier des Lebens gehört auch der Schweiß im Angesicht, die Mühsal und Plage. Menschen müssen auch in Sackgassen geraten, um sich darin zu üben, wie man aus ihnen wieder hinausfindet. Es gibt keine bequemen Wege im Leben – es geht alles immer über Stock und Stein.

Schöpfungsregeln sind genauer betrachtet auch nützliche Lebensregeln. Sie gelten nicht nur für uns Menschen, sondern auch für den Baum und alle anderen Lebewesen. Gerne vergleiche ich den Lebensweg des Menschen mit einem Baum: Wenn der Baum Wurzeln schlagen möchte, muss er mit der Gravitationskraft gehen – nach unten, an den Hindernissen, den vielen Unebenheiten, Steinen usw. vorbei, und gegen die Gravitationskraft hin zum Licht, nach oben, ebenfalls an den Hindernissen vorbei. Und je mehr Hindernisse sich ihm in den Weg stellen, umso fester verankern sich seine Wurzeln – einen solchen Baum kannst du nicht so schnell ausreißen. Hat er diesen Halt im Boden, kann er emporschießen und sich der Dürre, dem Regen, Frost usw. stellen. Sämtliche Belastungen wird er überwinden, davon können wir ausgehen, und jedes Jahr von neuem blühen. Unten werden seine Wurzeln stärker und stärker, oben entfalten sich sein Geäst und Laub in voller Pracht. Dann kann er auch Früchte tragen.

Auf Beziehungen lässt sich das Prinzip auch gut übertragen …

Hast du in einer Beziehung keine Tiefen erlebt, kannst du nichts von Höhen ahnen. Du kannst mit einem Menschen, mit dem du durch dick und dünn gegangen bist, tatsächlich in Liebe alt werden.

Meinen Sie, dass Kinder, die festgehalten worden sind, sozial stärker und belastbarer sind?

Ja, weil diese Kinder Widerstände überwinden mussten. Von den Eltern geht die Initiative aus: Sie müssen Frustrationen erlauben und lernen, sie nicht zu unterdrücken, sondern sie auszudrücken und dies auch dem Kind zu gestatten. Denn an Frustrationen wächst das Kind genauso wie unser Baum.
Wenn aber der Gärtner dem Bäumchen den Boden ebnet und alle Hindernisse bereinigt – sprich: wenn das Kind alles hat, was es braucht beziehungsweise nicht braucht, Spielzeuge aller Art, Pudding, Schokoladen in Unmengen –, stellt sich die Frage: Welche Möglichkeiten hat das Bäumchen, seine Wurzeln zu entwickeln? Keine, es wird dünne Wurzeln haben, und so, wie es unter der Erde schmal und unansehnlich aussieht, so wird es sich auch oben ausnehmen.

Das ist genau das Bild, das die unbelastbaren Eltern und Jugendlichen abgeben: Sie halten keine Lehrstelle aus, denn der Meister ist doof, oder es stinkt zu sehr in der Werkstatt, oder sie müssen zu früh aufstehen usw. Das Resultat: Sie wechseln dauernd die Stelle, sind arbeitslos, betäuben ihre Traurigkeit, weil sie keine Kraft in sich spüren, um sich zu verwirklichen. Drogen- und Alkoholkonsum, Amokläufe und Gewalttaten sind die Folge. Die Eltern versuchen gleichzeitig, die Familie zu retten und ihr nettes Familienhäuschen zu beschützen, damit es zu nichts Schlimmem kommt – sie bieten den Kindern alles und wünschen sich nichts sehnlicher, als dass die Kinder funktionieren. Sie chauffieren ihre Kinder von einer Nachhilfestunde zur nächsten, nur damit sie das Abitur schaffen, sie bedienen sie von vorn und hinten – und stellen ihrem Nachwuchs bloß eine Bedingung: Er soll funktionieren! Das ist ein schreckliches Szenario, wenn man nur Erfolg im Lebensplan vorgesehen hat, aber letztlich nur Misserfolg erntet. Die Kinder der Familien, die alles »haben«, werden dermaßen manipuliert, dass es nicht verwundern kann, dass sie sich erst mal Luft machen müssen, wenn sie aus dem Gefängnis der Familie entkommen.

Unter den strengen Eltern von einst konnte sich das Kind aufbäumen und innerlich eine Kraft gegen sie entwickeln. Heute sind die meisten Kinder übersättigt, blasiert und langweilen sich: Sie verstehen es nicht, mit ihrer freien Zeit sinnvoll umzugehen.

KREATIVITÄT UND IDENTITÄT

Weniger ist oft mehr

Über Spielsachen freuen sich viele Kinder gar nicht mehr – es ist eben das x-te Plüschtier, das sie bekommen, und dann hat das Kind noch ein Spielzeug mehr, mit dem es nicht spielt.

Was Kindern wirklich Freude macht, ist, wenn sie etwas erfinden müssen – in meiner Kindheit gab es keine Spielzeuge, aber gespielt haben wir trotzdem. Aus nichts haben wir mit Hilfe unserer Phantasie etwas gemacht. Zum Beispiel sah der Boden im Hof bei jedem Wetter anders aus: Wenn es schneite, bauten wir Iglus und stellten uns vor, wir sind Eskimos; wenn es regnete, spielten wir Donau und Moldau und gruben Kanäle für unsere Papierschiffchen; wenn es trocken war, dann verwandelte sich alles in eine Wüstenlandschaft, und wir waren in

der Sahara und stellten uns vor, wir sind eine Karawane mit Kamelen.
Ein anderes Mal dienten uns ein großer Stein und ein flaches Brett als Ladentheke, wenn wir Einkaufen spielten, als Wickeltisch, wenn wir Familie spielten, oder als Operationstisch, wenn wir Klinik spielten. Gerne spielten wir auch Bäcker und backten Gugelhupf und Brötchen aus Sand. – Jeder meiner Spielkameraden brachte eine Idee ein, und so blühte das Miteinander.

Heute wird die Einfachheit gering geschätzt – es wird ja auch alles komplizierter, das fängt schon bei den Bedienungsanleitungen für irgendwelche Geräte an.

Das Kind braucht aber Einfachheit, um seine Phantasie zu entwickeln, um sich in verschiedene Rollen hineinzudenken, sich anders zu erleben und Gefühle, die es nicht ausdrücken konnte, plötzlich auszudrücken. So kommt das Kind seinen Gefühlen näher und lebt seine Phantasien aus. Es hat dann gewiss keine Langeweile. Die Kinder unserer Wohlstandsgesellschaft bekommen alles in fertigem Zustand: Für ihre Barbiepuppen gibt es fertige Kleider, sie müssen sich nicht bemühen, eine alte Gardine auf dem Speicher aufzutreiben, um ihnen einen Schleier und ein Brautkleid zu nähen. Sie haben kaum noch die Möglichkeit, kreativ zu sein. Und dann langweilen sie sich, denn mit den vielen Spielzeugen wollen sie gar nicht mehr spielen – sie schätzen diese vielen Sachen nicht wirklich.

Was schlagen Sie vor – die heutigen Kinder haben nun mal alles, soll man jetzt den Notstand simulieren? Was kann man konkret machen?

Zunächst sollte der Mensch über die Gefahren unseres heutigen Lebensstils kritisch nachdenken, um sich von den banalen Angeboten nicht verführen zu lassen. Die Banalität kommt folgendermaßen daher: Warum sollte ich auf den materiellen Wohlstand verzichten, wenn alles so billig zu haben ist? Eben! Jeder, der zu Besuch kommt, bringt ein Geschenk mit – an jeder Tankstelle kann man was fürs Kind kaufen! Und so werden Kinder daran gewöhnt, etwas zu bekommen, statt sich auf den Menschen selbst, der zu Besuch kommt, zu freuen. Die Lösung also heißt: Der Besucher bringt nichts mit, sondern erzählt eine Geschichte, spielt Klavier, singt ein Lied, trägt ein Gedicht vor oder nimmt einen einfach nur auf den Schoß und ist da! Und meist erntet man mit dem Geschenk eh keinen Dank, denn enttäuscht hören wir das Kind sagen: »Ach, so einen Bär habe ich schon!« – Warum also nicht sich selbst schenken und mit dem Kind etwas unternehmen? Genau diese zusammen verbrachte Zeit ist das einmalige Geschenk! Das muss ich versuchen, dem Kind zu vermitteln.

Den Nikolaus gibt es schon im September zu kaufen, den Osterhasen schon kurz nach Weihnachten. Wie soll sich das Kind zu Ostern über einen Schokoladenhasen freuen?

Eben! Das ist doch alles langweilig und abgedroschen! Unser Zeitgeist ist krank, aber seine Krankheit kann er geschickt kaschieren. Er erweist sich als sehr mächtig und übergriffig.

Trotzdem sollte man sich dagegen wehren und nicht alles, was angeboten wird, mitmachen. Man muss Kinder bewusst vor den materiellen Überflutungen unserer Zeit schützen. Statt sie mit Spielzeugen abzuspeisen, sollte man sich selbst einbringen, mit ins Spiel einsteigen und sie beispielsweise zu einem Rollenspiel anleiten.

Was uns Kinder lehren

»Das kleine Kind ist im wahrsten Sinne des Wortes noch der Ewigkeit verbunden«, heißt es in Ihrem Buch Kinder sind Gäste, die nach dem Weg fragen, *welches Sie mit Christel Schweizer zusammen geschrieben haben. Sollten wir uns diese Eigenschaft nicht ins Erwachsenenalter hinüberretten? Was können wir von den Kindern lernen?*

Von den Entwicklungspsychologen wissen wir, dass das Kind bis zum siebten Lebensjahr magisch denkt, es betrachtet auch die leblosen Sachen, als wären sie lebendig: »Das Gewitter kam, weil ich böse war!« Oder: »Der Mond erscheint am Himmel, damit ich keine Angst haben muss!« Kinder beziehen die ganze Welt auf sich selbst: Alles ist wegen mir da – darin spiegelt sich der kindliche Egozentrismus. Das ist wunderbar! Das Denken lernt das Kind erst allmählich im Zusammenleben mit Menschen, die denken. Zunächst ist es wirklich mit der Ewigkeit verbunden: Es hat nur seine Phantasie, aber das ist schon sehr viel. Denn als Erwachsene, die wir dann an der Universität Statistik lernen, spüren wir immer wieder, wie unsere Phantasie verkümmert. Trotzdem sind wir auch noch ab und zu mit der Ewigkeit verbunden: Wenn wir lieben, sind wir mit der ganzen Welt verbunden – wir spüren den kosmischen Eros überall und in allem walten. Jede Brise, jeder Käfer, jeder Stern zieht uns dann magisch an. Wir fühlen uns dem kosmischen Ganzen verbunden, und genauso empfindet auch ein Kind: Es möchte lieben und geliebt werden – mit dieser Botschaft kommt es auf die Welt. Und diese Botschaft sollte man nie vergessen und bis zum Tod leben!

Das Kind ist es selbst – es ist sich selbst treu. Und genau dies geht uns später verloren: Wir getrauen uns nicht mehr, wir selbst zu sein. Wie entwickelt sich dieses Selbst?

Das Selbst entwickelt sich in kleinen Schritten. Zunächst kann das Kind zwischen sich und seiner Mutter nicht trennen. Es erlebt nur die Symbiose. Aber es wird sich seines eigenen Selbst bewusst, wenn es merkt: »Die Mama erlaubt mir nicht, nach ihrem Messer zu greifen!« – Das ist *ihr* Messer, und dies ist *meine* Lust, danach zu greifen. Oder: Das ist *ihr* Buch, dies *mein* Ball. Allmählich gewinnt das Kind ein Bewusstsein für sich selbst beziehungsweise für seine Bedürfnisse und für die anderen und deren Bedürfnisse. Die große Blütezeit des Ich ist dann die Trotzphase: Das zwei- oder dreijährige Kind bäumt sich bewusst gegen die anderen auf. Es möchte so groß sein wie der Papa und so toll Auto fahren. Es ist oft zornig, weil es trotz anstrengender Bemühungen doch nicht so sein kann wie die

Erwachsenen in seiner Umgebung. Auch in seiner Sprache taucht nun das Ich auf: »Ich auch!« oder »Ich will alles allein machen!«
Das Ich erlernt das Kind am Du. Aber diese Beziehung zum Du, zum anderen, wird ein Leben lang bestimmend sein – wem sie nämlich fehlt, der wird zum narzisstischen, egoistischen Menschen oder zu einem autistischen Individuum, das sich in niemanden einfühlen kann.

Wenn man vom Ich und der Ich-Gesellschaft spricht, klingt das meist negativ.

Es gibt nichts Besseres, als zu sich selbst als Ich zu stehen, »So bin ich!« ausrufen zu können. Das Ich wird ungerechterweise negativ betrachtet. Sofern das Ich das Du respektiert, ist es nicht egomanisch, daher keinesfalls negativ eingestellt. Früher musste man in Gruppen leben und man hat das Ich nicht so betont. Da gab es aus der Not heraus mehr Gruppenleben. Heute wird der Mensch immer individueller – wir leben eben in einer atomisierten Gesellschaft, die sich in Einzeleinheiten aufspaltet. Aber das heißt noch lange nicht, dass das Ich, das der heutige Mensch allmählich ausgebildet hat und ausgiebig lebt, negativ ist. Ein ausgeprägtes Ich zu haben, heißt nicht automatisch, nur auf sich selbst bezogen zu leben. Ich mache mir stets mein Ich bewusst, berücksichtige aber auch dein Ich – das ist eine Sache der Empathie. In der industriellen Gesellschaft ist das ein großes Thema, weil wir sehr oft mit dem Mangel an Empathie zu tun haben.

Deswegen haben Sie 2002 ein Buch darüber geschrieben: Einfühlung oder Die Intelligenz des Herzens, *in dem Sie klar herausarbeiten, dass das Ich ohne das Du nicht existieren kann.*

Das Ich ohne das Du ist eine leere Luftblase! Es geht im Leben immer darum, zu erfahren, wer ich bin und wozu ich berufen bin. Das erfahre ich, wenn ich immer freier werde von Verstrickungen, Hemmungen, Trotzäußerungen, wenn ich endlich weiß, was ich mir zumuten kann. Aber diese eigene Identität kann ich nur durch Spiegelung erfahren: wenn ich von meinem nächsten Menschen Orientierung bekomme, von einem Du. Und je mehr ich mich in dieses Du einfühlen kann, umso mehr weitet sich mein Ich aus.

Wer bin ich? Das ist die Frage aller Fragen, aber können wir sie je beantworten?

Wer bin ich? Ich bin der Mensch, der in Beziehung zu anderen Menschen steht. Das ist nicht nur eine von oben herab geäußerte ethische Maxime, sondern eine lebendige Wahrheit, die sich tagtäglich in der Liebe und Selbstliebe offenbart: Wir sind keine Eremiten, sondern Menschen, die auf den Dialog zwischen einem Ich und einem Du angewiesen sind. Nur so können wir wachsen und uns entfalten. Wenn wir uns nur im eigenen Spiegel betrachten und in uns womöglich auch nur jene Aspekte wahrnehmen, die uns gefallen, können wir nicht wirklich leben – Leben bedeutet steter Austausch von Gefühlen und Gedanken, Sehnsüchten und Lebenserfahrungen. Leben ist ein dynamischer Prozess und kein Zustand der Starre!

Aber der Individualismus steht heutzutage hoch im Kurs – wir nähern uns den Idealen einer Single-Gesellschaft, in der sich jeder nach Belieben zurückziehen kann.

Neulich war ich auf einem Architekturkongress, dessen Hauptthema der Bau von Single-Siedlungen war. Es ist natürlich verlockend, sich in die eigenen Wände zurückziehen zu können, wenn einem die Probleme über den Kopf wachsen. Nur frage ich mich: Wohin soll das führen? Die Vereinsamung wird dadurch nicht abnehmen, die Störungen werden auch nicht weniger. Wenn der Mensch seine Menschlichkeit nicht in allen Schattierungen übt, wenn er also nur noch auf Lust und Wonne aus ist und Frustrationen meidet, dann werden wir zur autistischen Gesellschaft mutieren. Wenn der technische Fortschritt dazu führt, dass wir keine Schmerzen und Leiden mehr auf uns nehmen und unser Gewissen gänzlich abschaffen, dann sehe ich schwarz für die Zukunft der Humanität in diesem Kosmos. Dann haben wir es wie die Babylonier in der Bibel verspielt, und unsere »Türme« werden zusammenbrechen.

Dabei hätten wir jetzt die ideale Zeit, um Menschsein zu üben – unsere Generation hat keinen Krieg mehr erlebt. Bekommen wir Kinder, geben wir keine traumatisierten Eltern mehr ab. Und unsere materielle Basis ist gesichert, sodass wir uns den musischen und spirituellen Seiten des Lebens öffnen könnten. Trotzdem wächst die Unzufriedenheit – die Mienen der Menschen in den U-Bahnen wirken nicht sehr heiter. Was fehlt uns?

Man müsste alle Menschen aus dem Westen ins Flugzeug setzen und nach Afrika bringen, damit sie sich das Leben dort und die vielen aidskranken Kinder anschauen. – Ich wurde einmal gefragt, was ich den deutschen Kindern wünsche. Nun, ich wünsche ihnen eine kleine Überschwemmung, damit das Wasser ihnen sämtliche Spielzeuge wegnimmt, damit sie wieder die Möglichkeit haben, mit Sand und Matsch zu spielen. Was uns zerstören wird, ist, dass wir aus der schöpferischen Polarität hinausgehen und sämtliche Spannungen – auch die zwischen Ich und Du – auflösen wollen. Gelingt uns dies, sind wir tot. Unsere Ich-Gesellschaft muss das Du mit all den Spannungen, die es mit sich bringt, wieder aufwerten, denn das Monopol des Ich kann ethisch nicht aufrechterhalten werden. Wir brauchen den menschlichen Zusammenhalt.

Wo gibt es noch Hoffnung für uns?

Nur in der Liebe, und das steht schon in der Bibel: Liebe deinen Nächsten wie dich selbst! Der Nächste ist zunächst nicht die große Welt da draußen, sondern vorerst die kleine Familie, in der wir lieben lernen können.

DIE VÄTER

Welche Rolle kommt den Vätern im Umgang mit Kindern zu?

Der Vater ist fürs Kind genauso wichtig wie die Mutter, bloß die Bindung an die Mutter geschieht wesentlich früher – schon in ihrem Bauch fühlt sich das Kind durch den haptischen Dialog verstanden. Sofort nach der Geburt wird diese Symbiose fortgesetzt. Den Grundstein der Liebe bekommt das Kind von der Mutter – wie sich die Mutter während und gleich nach der Geburt verhält, hinterlässt tiefe Spuren in der Seele des Kindes und ist prägend für seine spätere Liebesfähigkeit.

Die Bindung zum Vater fängt etwas später an, doch wenn der Vater gleich nach der Geburt da ist, gelingt die Bindung an ihn sofort. Nur in den meisten Fällen ist der Vater nicht da, weil er auch heute noch primär die Rolle des Geldverdieners spielt. Er kommt am Abend nach Hause und freut sich auf seine Weise am Kind. Und das Kind genießt die typisch väterlichen Babyspiele: »Hoppe, hoppe Reiter!« Oder er wirft das Kind in die Luft und fängt es wieder auf – das Kind macht die Erfahrung, dass es nicht fallen gelassen wird. Oder er trägt es auf den Schultern durch die Stadt oder geht mit ihm wandern. Mit dem

Vater erlebt das Kind typisch männliche Spiele und Kunststücke. Es entdeckt die Welt auf eine andere Weise als mit der Mutter. Die Bindung zu ihm sollte nicht weniger intensiv ausfallen als die zur Mutter.
Wir wissen ja, dass es dem Kind besser geht, wenn es beide Elternteile in sich verbinden kann. Es hat von beiden das Geschenk des Lebens mitsamt dem Erbgut bekommen.

Hat der Mann überhaupt eine Aufgabe während der Schwangerschaft und Geburt?

Der Mann sollte auch mit in die Schwangerschaftskurse gehen – die Babypflege sollten beide beherrschen. Meines Erachtens muss er nicht unbedingt bei der Geburt dabei sein, denn das hat sich mittlerweile nicht immer als gut erwiesen: Es gibt viele Männer, die das nicht aushalten oder die im Nachhinein ihre Frau zwar viel mehr achten, aber sie nicht mehr begehren. Und dann ist es vorbei mit dem Familienglück und -gleichgewicht.

Auf der Straße sieht man oft die Tochter an der Hand der Mutter, den Sohn an der Hand des Vaters laufen – ist die Mutter in gewissen Fragen geeigneter für die Tochter beziehungsweise der Vater geeigneter für den Sohn?

Der Sohn wird zum Mann am Vorbild des Vaters, die Tochter zur Frau am Vorbild der Mutter. Der Vater kann zum Beispiel die Aggressivität der Söhne besser steuern. Und wenn mich Frauen nach meinen Vorträgen fragen: »Wie soll ich mit meinen aggressiven Söhnen umgehen?«, dann kann ich nur antworten: Der kompetentere Elternteil ist der Mann. Das männliche Denken kann auch die männliche Aggressivität in kultivierten Grenzen halten. Die Frau hat eine völlig andere Aggressivität.

Der ältere Sohn zum Beispiel muss wissen, dass er den jüngeren nicht angreifen darf; aber er muss sich wehren, wenn ihn der jüngere angreift – so etwas erproben Kinder untereinander. Vom Vater bekommen sie diese systemische Hierarchie mit oder gewisse Regeln: Man darf niemanden von hinten angreifen und sich nicht im Esszimmer balgen, wenn die anderen essen; wenn der eine kapituliert, dann darf der andere nicht weiter auf ihn eindreschen. Sie sollen auf die Mutter Rücksicht nehmen und nicht in ihrer Nähe kämpfen usw.

Welche Rolle kommt dabei der Mutter zu? Soll sie sich ganz heraushalten?

Im Grunde ja. Nur sollte den Kindern klar sein, dass sie nicht anderer Meinung ist als der Vater, dass sie ihn unterstützt und ihn in seiner Abwesenheit auch vertritt. Je weniger sie sich heraushält, umso mehr neigt das Kind dazu, sie in den Streit hineinzumanövrieren, indem es das andere Geschwisterkind verpetzt. Wenn sie sich dazu verleiten lässt, den Schiedsrichter zu spielen, ist sie meist beiden streitenden Kindern gegenüber ungerecht. Das Schlimmste in so einer Situation ist, dass das Kind die Denunziation lernt. Fragt man, wozu dies in der Persönlichkeitsentwicklung des Kindes führt, heißt die Antwort: zum Mobbing.

Die Kinder sollen also den Streit unter sich austragen ...

Ja, sie müssen lernen, den Konflikt mit ihren Geschwistern selber zu bewältigen. Dies kann ihnen eben der Vater durch sein Beispiel mit auf dem Weg geben.

Wenn aber der Vater fehlt?

Viele Frauen sind enttäuscht von ihrem Mann und jagen ihn zum Teufel. Wenn sie dies tun, denken sie meist nur an sich und nicht daran, dass sie dem Kind das männliche Vorbild entziehen. Dem Sohn bleibt dann nichts anderes übrig, als sich am Vorbild der Mutter zu orientieren. Und die macht den Vater dann auch noch vor dem Kind schlecht: »Dein Vater ist unzuverlässig; wenn du mich nicht hättest, wärst du verloren. Ich bin die Einzige, die sich um dich kümmert!« Sie gibt dem Kind das Gefühl, sie sei die einzig Tolle und die einzig Richtige für ihn! Dabei gibt sie nichts als das Vorbild einer Selbstsüchtigen ab. – Was für ein Mann kann aus ihm werden? Ein Muttersöhnchen, oder vielleicht wird er aus Protest homosexuell.

Wenn es zu einer Scheidung kommt, empfiehlt es sich, dass die Frau immer noch dafür sorgt, dass der Vater mit dem Sohn zusammenkommt. Wenn er ganz ausgefallen ist, dann sollte ein Onkel, Großvater, Cousin oder Freund eine männliche Rolle übernehmen. Der Vater darf vor dem Kind nicht verleugnet oder schlecht gemacht werden. Auch wenn er tot ist, sollte man ihn immer wieder erwähnen: »Dein Vater ist zwar im Himmel, aber du hast einige schöne Eigenschaften von ihm geerbt.« Er muss im Gedächtnis des Kindes präsent bleiben.

NÄHE UND DISTANZ

Berührung – Bindung – Loslösung

Wie wichtig ist die Berührung für ein Kind?

Die mit der Ewigkeit verbundene Seele macht den Prozess der Einverleibung durch. Deshalb sind leibliche Zuwendung und Hilfe absolut notwendig, sonst treten Störungen auf. Je mehr sich das Denken und die Sprache entwickeln, umso mehr verliert das leibliche Geschehen an Bedeutung, darf aber natürlich bis zum Tod nicht ausbleiben. – In der ersten Zeit können auch Konflikte nur über den Körper ausgetragen und gelöst werden. Es fällt mir hierzu ein gutes Beispiel ein: Zu einem therapeutischen Seminar kam ein Vater mit seiner 27-jährigen Tochter, die Kunsttherapie studierte. Die Mutter kam nicht, sie war im Urlaub. Die Tochter könne sich von der Familie nicht loslösen, sie traue sich nicht raus; sobald sie in eine Gesellschaft komme, fühle sie sich wie ein Monster, gerate in eine Körperstarre sondergleichen und wäre am liebsten gleich wieder weg, nur wisse sie gar nicht mehr, wo die Füße, wo der Kopf seien ... Sie bevorzuge Freunde, die weit weg sind – der eine Freund lebt in Venezuela, der andere in Neuseeland.

All das erfuhr ich, und ich schaute mir zunächst die systemische Verstrickung an, aber da war nichts auffällig, sodass diese Störung eine andere Ursache haben musste. So fragte ich sie nach dem Lebenslauf – und der fing ungünstig an: Sie kam durch Kaiserschnitt zur Welt; ihre Mutter bekam sie erst nach einer Woche zu sehen – also, ganz klar: Die Berührung, die nach der Geburt fürs Kind so notwendig ist, fehlte. Und der erste Blick der Mutter nach einer Woche war natürlich, statt empfangend, eher skeptisch: Ist das überhaupt mein Kind? Spüre ich es, rieche ich es als ein Stück von mir? Erkenne ich vertraute Züge oder nicht? Also, was war geschehen? Das Kind hatte diesen Blick verinnerlicht, der bedeutete: »Bist du es – oder eher nicht?« Und genau in diesem ersten Ereignis lag die Störung begraben.

Während der festhaltetherapeutischen Praxis habe ich die Notwendigkeit erkannt, die Geburtsereignisse therapeutisch zu wiederholen, das heißt eine geburtsähnliche Situation einzuleiten, das »Kind« noch mal zur Welt kommen zu lassen, so, als ob es durch den Geburtskanal käme, und dann es körperlich ganz eng bei der Mutter sein zu lassen – denn diese Nähe fehlt sehr vielen und ist im Grunde genommen der zweite Teil der Geburt. Und das »Kind« muss dann so bemuttert werden, bis es übersättigt ist mit Nähe.

Die von der Kunststudentin geschilderten Symptome zeigten, dass eine klassische Rückführung zur Geburt ungenügend, dafür aber die so genannte Muttermangel-Matte angezeigt sein könnte. Dies ist ein Arbeitstitel für eine Methode, die meine

Schülerin Annette Austermann erfand. Nach dieser Methode wird die Klientin von einer mütterlichen Freundin gehalten, damit sie sich mit ihrem inneren Beobachter konfrontieren kann. Unter ähnlichen Bedingungen wie damals wird das Gedächtnis des Körpers wachgerufen. Das früheste Trauma sowie die rettenden Selbstregulierungsmechanismen werden detailliert wahrgenommen und deren Einprägung in das spätere Bindungsverhalten bewusst gemacht, um eine Korrektur vollziehen zu können.

Welche Symptome waren es, die an das Trauma der abgebrochenen Bindung erinnert haben?

Das Gefühl, dass der Körper fragmentiert ist und in einen Starrezustand verfällt, ist typisch für einen Säugling, der nach der Geburt total allein gelassen worden ist. Und da der Säugling noch keine ganzheitliche Wahrnehmung hat, schreit er – nur, es ist niemand da, der ihn tröstet. Sein Kopf brennt, die Füße sind eiskalt und in diesem Schockzustand setzt dann die Starre ein. Um überhaupt überleben zu können, mobilisiert der Säugling auf eine autistische Weise seine eigenen Selbstrettungsmechanismen. Durch die Wiederholung der gleichen Selbststimulationen werden Endorphine und andere Hormone ausgeschüttet und bringen Rettung: Beispielsweise beschwichtigt sich das Kind mittels einer wiegenden Bewegung, es lutscht am Daumen, starrt eine Lampe an – denn die Lampe ist zuverlässig, sie ist immer da. Auf diese Weise beruhigt es sich selbst. Sonst würde es womöglich in seiner Starre aus Angst und Schrecken sterben.

Es ist merkwürdig, wie wenig die Wissenschaft vom Beginn der Bindungsfähigkeit und der Bindungsstörung des Babys weiß. Man weiß sehr viel mehr über die Atomkraft und die Entstehung der Galaxien. Der Grund liegt wohl im wissenschaftlichen Zwang zur präzisen Berechnung von Erscheinungen. Das Neugeborene bietet hierfür keine Chancen, da es noch keine Antworten geben kann. So beginnt die Kinderpsychiatrie erst bei älteren Kindern.

Bei unserer Therapieform kann man sehr wohl etwas von der Psychiatrie des Babys begreifen. – Meine Kunststudentin führte ich unter leichten hypnotherapeutischen Mitteln zurück in den Geburtskanal. Die Geburt empfand sie gar nicht tragisch, tragisch aber war für sie die Zeit danach. Sie sagte mir: »Alles tut weh – der Kopf vor allem, und die Füße fühlen sich weit weg und ganz kalt an; im Inneren ist so etwas wie eine Eisenstange.« Ich forderte sie auf, das zu tun, was das Baby damals tun musste, um zu überleben. Mit geschlossenen Augen ging sie – wie fast alle Betroffenen – ganz spontan in die embryonale Haltung, mit dem Daumen im Mund, und wog sich hin und her – in einem bestimmten Rhythmus, ganz eingeigelt. Ich machte ihr bewusst, dass diese Selbstregulation bei ihr bis heute wirksam ist: Auch heute lebt sie genauso eingeigelt – sich den anderen zu zeigen, ist gefährlich, denn da nimmt sie sich selbst nicht mehr wahr. Und ich sagte ihr dies alles: »Das machst du bis heute: Du wendest dich ab und tröstest dich selbst, aber es entgeht dir dabei die Liebe zu den anderen Menschen. Wäre es nicht besser gewesen, die Mama hätte dich in den Arm genommen?«
Dann bezog ich ihre Freundin mit ein: Die setzte sich im Schneidersitz an die Wand, nahm die Klientin ganz nah ans Herz. Den Herzschlag und den Atem der Mutter zu spüren, ist

sehr wichtig. Ungefähr zwei Stunden saßen die beiden so da. Zunächst lag sie noch fast starr wie ein Neugeborenes im Geburtsschock, solange es die Adaption noch nicht nachvollziehen konnte, auf der Brust ihrer mütterlichen Freundin. Dann aber wurde die Sehnsucht nach Wärme und Nähe immer größer. Sie genoss den Herzschlag, den sie spürte, ließ sich streicheln, wiegen und ihre Lautäußerungen nachahmen.
Am nächsten Tag kam sie strahlend in meine Gruppe. Sie hatte nun ihre Selbstrettungsmechanismen durchschaut und wurde dessen gewahr, dass sie auch Nähe und Berührung durch die anderen braucht und auch nicht mehr Angst vor Enttäuschung haben muss, weil sie sich nun selbst annehmen kann. Die Krönung der Therapie vollzog sich, als sie dann mit ihrer eigenen Mutter in die Festhaltetherapie kam.

Solche Kinder müssten aber eigentlich keine Loslösungsprobleme haben – sie sind ja schließlich seit ihrer Geburt losgelöst ...

Gerade solche Menschen können sich nicht wirklich loslösen, weil sie nie wahrhaftige Bindung erfahren haben. Und wenn sie sich von der Mutter »gelöst« haben, binden sie sich an den Ehemann, der die Mama ersetzen soll, oder sie klammern sich an ihr Kind, das sie retten soll. Ihr Bedürfnis nach Bindung ist nicht gesättigt, deshalb sind sie nicht in der Lage, sich selbst zu lösen.

Inwiefern kann man sich überhaupt noch loslösen, wenn einem so etwas widerfuhr?

Wenn die frühkindliche Bindung im ersten Lebensjahr nicht stattgefunden hat, dann muss man das möglichst nachholen oder es sich bewusst machen: »Das ist mir damals geschehen, deswegen fürchte ich mich vor Loslösung, kann aber auch nicht wirklich eine Bindung eingehen!« Mit einer Freundin – wie im Falle der Kunststudentin – lässt sich Bindung wunderbar nachholen. Der Ehemann ist dafür weniger geeignet, denn er sollte im Leben der Frau wahrlich nicht die Mutter vertreten. In der Dritten Welt sieht man übrigens das Bild sehr oft: Frauen, die sich im Arm halten.

Ist es bei den Männern dann ein Freund?

Bei den Männern ist es komplizierter: Der Mann kann mit befreundeten Männern kaum die mütterliche Bindung nachholen. Das kann er aber auch nicht mit anderen Frauen, wenn er schon mit einer Frau verheiratet ist. Also müsste ihm dabei seine Ehefrau helfen, aber er muss sich dessen bewusst sein: »Meine Frau ist nicht meine Mutter! Aber ich genieße trotzdem die Nähe und Wärme, die mir gefehlt haben.« Noch immer ist die beste Wahl die eigene Mutter.

Könnten Initiationsrituale uns dabei nicht auch helfen?

Ja, die gibt es nur leider nicht mehr. Wir müssten sie neu erfinden, damit uns wieder weise Menschen für jede Altersstufe ausrüsten.

Gehört eigentlich diese Rekonstruktion der Geburtserlebnisse noch zur Festhaltetherapie?

Ja, natürlich. Es gibt fünf Arten der Festhaltetherapie: das Festhalten zwischen Eltern und Kindern jeden Alters; die Paartherapie; die Aussöhnungstherapie unter Visualisierung; Rehabilitation der Geburtserlebnisse und die gerade entstehende Muttermangel-Matte. Ich möchte noch einiges zu dieser speziellen Methode hinzufügen: Sie scheint ziemlich leicht durchführbar zu sein, aber es handelt sich dabei um eine sehr anspruchsvolle Methode, die dem Einzelnen helfen soll, sein Lebenskonzept total umzugestalten. Er darf nicht mehr auf Selbststimulationen wie Trinken, Zigaretten usw. zurückgreifen, wenn er in der Liebe verwundet wird oder im Job scheitert, sondern er wird von einem reifen Lebensberater angeleitet, sich selbst zu finden und seine eigenen Ressourcen zu entdecken und sie zu leben. Diese Methode kann aber nicht jeder Festhaltetherapeut durchführen – und ich lehre sie vorläufig auch nicht in meinen Ausbildungskursen.

Wenn aber zu viel Bindung da ist, kann es dann nicht sein, dass sich das Kind auch nicht wirklich lösen kann?

Aus der Geschichte totalitärer Staaten ist bekannt, dass der Mensch, der sich am besten in die Masse einordnet und mitmarschiert, derjenige ist, der sehr früh von der Mutter entfernt wurde. Dieser Mensch wird sich nie wirklich spüren, weil er auch nie die Botschaft der Liebe durch die Bindung zur Mutter erfahren hat. Ihm fehlt im Grunde alles, aber seine Gefühle sind taub, und er versteht nur die Sprache der Befehle.

Um Liebe in diesem irdischen Leben zu leben, muss ich mich nach meiner Geburt aufgehoben fühlen. Ich muss die Bindung spüren. Aber nicht die Bindung ist das eigentliche Thema: Sie ist nur da, um die Liebe zu vermitteln. Wenn das Kind die Bindung zur Mutter erfahren hat, entwickelt es den eigenen Willen und die große Lust, selbstständig zu sein. Es hat das natürliche Bedürfnis, sich loszulösen – ganz spontan und unerzwungen. Loslösung kann nicht befohlen werden: Wenn die Mutter das Kind regelrecht vor die Tür setzen muss, damit es mit den anderen Kindern spielt, dann ist das krankhaft. Es muss sich aus eigener Kraft »entbinden« – das ist ein äußerst kreativer Akt. Das Kind stellt selbst fest: »Ich möchte meinen eigenen Weg gehen.«

Als Erwachsener – sollte man meinen – findet man irgendwann seinen Weg.

Aber nur vermeintlich – Kinder vergessen den Schmerz der abgebrochenen Bindung zwischen sich und der Mutter: Es gibt noch keinen gedanklichen Speicher, aber der große Schmerz bleibt im Körper, der rastet ein, in jeder Zelle ist er eingeschrieben. Und dieser Schmerz bricht immer wieder aus ... Vor allem Therapien, die mit dem Körper arbeiten, zeigen, wie schwer es ist, einen Schmerz aus dem Körper auszutreiben – und dann wirklich frei die eigene Lebensbahn zu verfolgen. Genau dieser Schmerz der zu früh abgebrochenen Bindung ist einer der wichtigsten Inhalte der Festhaltetherapie.
Ich erzähle da am besten von einem Erwachsenen, dessen Loslösung ebenfalls nicht gelingen konnte, weil das Bedürfnis nach körperlicher Berührung und Bindung nicht gesättigt war.

In Mexiko-Stadt hielt ich einen Vortrag, was ich jedes Jahr tue. Auch dort begrüße ich jeden Einzelnen und reiche ihm die Hand. Als ich einen Mann mit abrasierter Glatze, vielen Ohrringen in den Ohren und tätowierten Oberarmen erblickte, dachte ich, der hat die Veranstaltung verwechselt. Aber nein, er wollte zu mir. Und auch am nächsten Tag, als ich die Therapien vorführte, kam er und brachte sogar seine Mutter mit. Sein Problem nämlich war es, dass er sich nicht wirklich von seiner Mutter – übrigens eine Psychotherapeutin – loslösen konnte. Er, Schlagzeuger in einer Band, war schon 40 und wollte eigentlich auch Kinder haben, nur hielt es keine Frau lange mit ihm aus – er musste schließlich immer wieder ins »Hotel Mama« zurück.

Sein Musiktherapeut hat ihm dann schließlich empfohlen, nachdem er zig Therapien hinter sich hatte, zu mir zu kommen. Denn er hatte beobachtet, dass sein Klient bei einer Trommelsession, nachdem das Trommeln aufgehört hatte, in panische Angst verfallen war. Er deutete dies so, dass sein Klient infolge einer Sturzgeburt den Herzschlag der Mutter nicht mehr gehört hatte und ihn die plötzliche Stille schockiert haben musste.

So kam dieser Mann also zu mir, um seine Geburt zu wiederholen, was wir dann auch taten. Für ihn war es eine wesentliche Erfahrung, nach seiner »Geburt« zwei Stunden in den Armen seiner Mutter zu liegen, nah bei ihrem Herzen. Ich forderte sie auch immer wieder auf, ihn nachzuahmen – jeden Atemzug, jedes Husten. Der Mann genoss diese symbiotische Verbindung und stand wie neugeboren wieder auf. Ein Jahr später kam er wieder zu meinem Vortrag: Er war zwar noch nicht verheiratet, hatte aber die Loslösung von der Mutter geschafft.

Gibt es noch andere therapeutische Richtungen, die die Geburt reinszenieren?

Ja, zum Beispiel die Primärtherapie, den so genannten Urschrei nach Janov, das Holotrope Atmen nach Grof, auch beim Bonding nach Casriel ereignet sich die Reinszenierung spontan. Die Festhaltetherapie ist die einzige mir bekannte Methode, die die Geburt in den Armen der eigenen Mutter wiederholt. Der Abbruch der Bindung hat allen beiden wehgetan, und jeder Einzelne braucht die korrigierende Erfahrung.
Es ist natürlich wunderbar, wenn die leibliche Mutter mitmacht. Der Klient wird dabei wirklich aufgefordert, sich selbst anzuspornen, um nach außen durchzudringen. Danach können wir auch erkennen, ob er wirklich unter einem Geburtstrauma oder eher unter einem Missbrauchstrauma leidet. Wenn zum Beispiel bei einer Frau die enge Umarmung große Ängste und Atemnöte auslöst und ihre Stimme kindlicher wird, dann muss ich aufmerksam hinhören, um festzustellen, ob das die Stimme eines missbrauchten Mädchens oder eines Säuglings ist. Wir prüfen dann, ob sie den Druck auf ihren Schädel mit einem Gegendruck als Ausdruck eines bestimmten Wohlbefindens beantwortet oder eher davor flüchtet. Bei dieser Stimulation wird ja der craniosacrale Wahrnehmungsbereich berührt, der bei einer normalen Geburt intensiv stimuliert wird. Auch die Unterstützung der Fußsohlen tut bei der Reinszenierung der Geburt gut. Wenn aber die Patientin davor flüchtet, dann geht es eher um Missbrauch. Dann frage ich sie, wie alt sie sich fühlt. Wenn sie dann sagt, sie ist sechs oder acht Jahre alt, dann muss ich die Missbrauchssituation ansprechen und bearbeiten.

Das machen Sie alles intuitiv ...

Ich muss vieles erahnen, aber ich schalte dabei nie mein Denken aus. Ich muss mich in die Frau hineinfühlen können, aber auch ganz klar wissen, was das Kind hätte erleben müssen, um dann die Situation richtig nachzustellen.

Wie schätzen Sie die Situation der Kinder nach der Geburt heute ein? Hat sich im Lauf der Zeit etwas verändert?

Bei der Generation der heutigen Eltern und Großeltern kam die Bindung zur Mutter im ersten Lebensjahr zu kurz. Denn man nahm irrtümlicherweise an, dass das Kind nach der Geburt von der Mutter getrennt werden sollte, damit es frühzeitig lernt, selbstständig zu sein. Es sollte ja schließlich in die harte Leistungsgesellschaft hineinwachsen, also durfte es nicht verwöhnt werden. Und wenn es schrie, sollte es nicht getröstet werden, denn das würde die Lungen und die Atemwege stärken – diesen Unsinn haben fast alle Mütter beherzigt und haben so auch ihre eigene, ganz natürliche Sehnsucht nach der Nähe des Kindes durchgestrichen. Heute hat sich eine ganz andere Welle durchgesetzt: Die Mütter tragen ihre Kinder, sodass diese nicht mehr das Schicksal ihrer Eltern und Großeltern ereilt.

Wenn Kinder unterschiedlichsten Einflüssen ausgeliefert sind, wenn sie in einer Wohngemeinschaft aufwachsen und mehrere Bezugspersonen haben, wie wirkt sich so etwas auf ihre Entwicklung aus?

Das kann ganz gut gehen, genauso, wie es in den Großfamilien oder bei den verschiedenen Naturvölkern gut geht: Das Kind hat mehrere Bezugspersonen und lernt, Bindung auch auf andere zu übertragen – mit der Oma verbindet es was ganz anderes als mit dem Onkel. Aber der Bezug zu den Eltern und womöglich zu den anderen Bindungspersonen zweiten Ranges muss konstant bleiben. Ein gutes Beispiel wäre ein Kind, das in einem Gasthaus aufwächst: Der eine Gast streichelt das Kind auf eine Art, dann kommt der nächste und streichelt es auf eine andere Art. Aus solchen Kindern werden meist Menschen, die nicht gelernt haben, Distanz zu wahren, und sie haben nicht die Feinheiten entwickelt, sich selbst zu spüren – welche Berührung tut mir gut, welche kränkt mich? Die Berührung der Mutter war für diese Kinder dann auch nicht mehr etwas Besonderes, vielleicht war die der Gäste sogar interessanter. Viele stumpfen ab. Auf ähnlich zugespitzte Weise können Prostituierte eine intime liebevolle Berührung nicht mehr genießen.

Wenn jedoch in einer Wohngemeinschaft nicht dauernd neue Leute dazukommen und alte gehen, dann kann das Kind durchaus gedeihen – vor allem geistig kommt es mit vielen Welten in Kontakt und lernt schon sehr früh eine Vielfalt von Beziehungsformen kennen.

Die körperliche Nähe

Sie sind der Meinung, dass sich der Prozess der Loslösung auf eine natürliche Weise vollzieht. Und wenn nicht, kann man ihn zusammen mit dem Kind in einer therapeutischen Sitzung nachholen?

Ja, in der Festhaltetherapie bekommen Kinder die Möglichkeiten, ihre Wut auszudrücken. Denn meist trauen sie sich gar nicht, zu sagen: »Ich bin sauer auf dich, Mama. Du hast mir unrecht getan!«, weil sie große Angst haben, bestraft und nicht mehr geliebt zu werden. Plötzlich erleben sie nun, dass sie sich artikulieren dürfen. Wenn das Kind spürt, dass die Liebe nicht bedroht ist, wenn es sich aufbäumt, dann ist das Kind für jegliche Auseinandersetzung bereit und traut sich, eigene Wege zu gehen. Es riskiert, Fehler zu machen, auf die Schnauze zu fallen, weil es tief innerlich die Zuversicht in sich trägt: »Die Liebe ist nicht gefährdet! Ich werde trotzdem geliebt.«

Wenn es aber immer wieder festgehalten wird, wird ihm das dann nicht zu viel?

Wenn die Kinder zu lange festgehalten werden – die Japaner beispielsweise übertreiben da meines Erachtens, weil sie ihre Kinder bis zum vierten Lebensjahr festhalten, aber auch in archaischen Gemeinschaften ist es notgedrungen oft der Fall, dass die Kinder einen ständigen Körperbezug haben und dem gar nicht entweichen können –, in solchen Fällen also stellen wir fest, dass die Kinder der Familie und Tradition sehr treu bleiben. Sie werden Gruppenmenschen und kleben förmlich an der Großfamilie und ihrem Dorf.

Man sieht bei uns auch schon sehr viele Eltern, die ihr Kind im Tragetuch tragen. Das könnte also auch Nachteile haben?!

Die Tragetücher kennen wir in unserem Kulturkreis nicht. Die Mütter haben in unserem Kulturkreis nicht das nötige körperliche Training, das Kind die ganze Zeit mit sich herumzuschleppen. Trainiert sind die Frauen, die ihr Leben lang Krüge und ganze Körbe mit Wäsche auf dem Kopf tragen oder die als ältere Schwestern ihre jüngeren Geschwister trugen – das haben die heutigen Mütter aber kaum trainiert. Sie sitzen eher vor dem Computer, und dort das größere Kind – von einem Jahr aufwärts – im Tragetuch zu halten, ist verkehrt. Ich empfehle den jungen Müttern aus unseren Breitengraden, im ersten Lebensjahr das Tragetuch zu benutzen, weil das Menschenbaby als physiologisch Frühgeborenes diese »verlängerte Schwangerschaft« braucht.
Die Nähe und Wärme, die das ältere Kind immer noch braucht, erfährt es aber nicht unbedingt, indem es die ganze Zeit getragen wird. Es braucht vor allem in Krisensituationen, wenn es weint, unruhig oder verzweifelt ist, körperliche Nähe, aber nicht unentwegt. Und Tatsache ist: Heute ist die Individualität eines jeden gefragt. Wir brauchen heute Menschen, die in die Welt gehen wollen, und nicht solche, die sich in ihrem eigenen Dorf abschotten. Der einzelne Mensch muss heute selbst mit seiner eigenen Verantwortung in der Welt handeln und sich nicht von den Weltmächten manipulieren lassen. Also braucht schon das einjährige Kind einen Raum, in dem

es seine Neugierde erleben und seine Frustrationen austragen darf.

Wird es aber auf diesem Weg nicht zum Egoisten?

Wenn das Kind frustriert ist, weil ihm etwas nicht gelang, wenn es sich danach unglücklich fühlt, Wut auf sich oder das Spielzeug hat, dann muss es lernen, mit diesem Ärger über sich selbst auszukommen, ohne dass es gleich jemand tröstet – das wäre sonst eine krank machende Symbiose. Wenn es allerdings Wut auf die Eltern hat, dann ist es wichtig, das Kind so zu halten, als wäre es im Tragetuch, damit es seinen Schmerz äußert. Allerdings muss es dabei auch mit dem Ärger der Mutter oder des Vaters konfrontiert werden. Das sich entwickelnde Ich muss in dieser Phase erfahren, wie sich das Du fühlt. Der Sinn dieser emotionalen Konfrontation ist die gegenseitige Einfühlung. Erst wenn die Liebe wieder fließt, ist jeder frei.
Bei den naturverbundenen Völkern geschieht diese Herzensausbildung in den ersten zwei, drei Jahren spontan und intuitiv, solange das Kind getragen wird. Diesen kostbaren Gewinn hat die technokratische Gesellschaft unbewusst aufgegeben. Dem Kind im Säuglingszimmer, in seinem eigenen Schlafzimmer, gestraft durch Auszeiten, entgeht die Chance dieser Konfrontation und zugleich auch der Nachweis der vorbehaltlosen Liebe seiner selbst.

Der individuelle Kern

Wie erkennen Sie an Kindern das Individuelle? Schließlich schauen Sie ja schon durch eine bestimmte Brille, wenn Sie von den Eltern wissen, dass es ein Erstgeborenes ist, dann assoziieren Sie damit schon eine ganze Reihe Eigenschaften – ähnlich wie ein Astrologe, der herausfindet, welches mein Aszendent ist.

Ich beobachte das Kind, aber nicht indem ich mit ihm etwas Gezieltes mache, sondern indem ich sein ganz spontanes Verhalten verfolge. Zum Beispiel, während ich mich mit seiner Mutter unterhalte, spielt das Kind in einer anderen Ecke mit einem Spielzeug, schaut aber dabei immer wieder seine Mama an – dann weiß ich, dass es sich zwar traut, alleine etwas zu unternehmen, aber es vergewissert sich, ob der Hafen noch da ist. Das ist eine gute Entwicklung: Es löst sich allmählich, vergewissert sich aber nach der Bindung. Andere Kinder wiederum sind dermaßen mit der Mutter verknüpft, dass sie die Spielzeuge, die ich ihnen zeige, nicht interessieren. Wenn ich sehe, wie das Kind am Schoß der Mutter klebt, wie es zusätzlich noch den Schnuller im Mund und die Mutter auch noch am Ohrläppchen hält, kann ich dies nicht anders als eine unsichere Bindung deuten. Dann weiß ich, dass das Kind es ist, das für die Bindung sorgen muss; es wird von der Mutter unterversorgt. Das beobachte ich spontan, aus der jeweiligen Situation heraus, und ziehe dann meine Schlüsse.
Ich darf mich nur auf meine eigenen Beobachtungen verlassen, und nicht darauf, was mir die Mutter des Kindes erzählt: Es kann nämlich tatsächlich sein, dass sie mir sagt, das Kind sei ein Tyrann, nur stelle ich sehr schnell fest, dass sie ihm unpas-

sende Eigenschaften zugelegt hat – sie sieht ihr Kind durch die Brille des Spätgeborenen. Sie sieht in ihm ihren eigenen älteren Bruder, der sie gepiesackt und unterdrückt hat. Sie meint, er sei ein kleiner Tyrann, aber er ist es nicht. Es ist eher ein Erstgeborener, der darum kämpft, als der Erste angesehen zu werden. Was mir am meisten Orientierung gibt, um der Individualität des Kindes näher zu kommen, sind Fragen wie: Was machst du am liebsten? Welche Bücher liest du gerne? Welche Märchengestalt gefällt dir am besten? Wen würdest du auf der Bühne spielen? Auf diese Weise stelle ich fest, wo und wie sich das Kind in seinem freien Bereich am liebsten verwirklicht – das ist dann sein individueller, ganz persönlicher Kern.

Viele Kindertherapeuten arbeiten mit Hilfe von Tests.

Früher, als ich noch wenig Berufserfahrung hatte, konnte ich den verschiedenen Tests viel abgewinnen – zum Beispiel: »Zeichne deine Familie als Tiere!«. Wenn dann das Kind sich selbst als Elefanten zeichnete und den Papa als Ameise, dann konnte ich schon ahnen, welche Position der Vater in der Familie hat. Aber jetzt verlasse ich mich vor allem auf meine Beobachtung und verzichte auf Tests. Ich bevorzuge die imaginativen Spiele: »Stell dir vor, du wärst eine Hexe. In welche Tiere würdest du deine Familie verzaubern?« »Was macht denn der Elefant mit der Ameise?« Dann kann ich nämlich gleich in die Interaktion gehen – wir können daraus gleich eine ganze Geschichte entwickeln. Zeichnungen sind mir viel zu statisch, ein Dialog ist viel lebendiger! Manchmal lasse ich Kinder auch ihre Familien mit Gegenständen aufstellen – und es ist in den meisten Fällen so, dass die Kinder ein äußerst wahrhaftiges Bild von ihrer Familie haben. Sie sind viel realistischer als ihre Eltern – Erwachsene sind generell nicht so frei und spontan, wenn es darum geht, ihre Familien aufzustellen. Viel zu oft übernimmt ihr Verstand mit seinem Imperativ »So und nicht anders soll es sein!« die Leitung und vernebelt dadurch die tatsächlichen Familienverhältnisse.

Die Krisen

Wir versuchen alle, Krisen zu vermeiden, trotzdem schlittern wir immer wieder in sie hinein. Was können wir den Krisensituationen abgewinnen?

Damit ich eine Krise überhaupt überstehe, muss ich alte Kräfte mobilisieren und neue dazuerlangen. Es ist jedes Mal eine Wiedergeburt!

Ein Beispiel: Eine Frau, die ein behindertes Kind bekommt, kann es in einem Heim unterbringen und vor dem Problem flüchten. Aber sie kann sich ihm auch stellen. Sie behält das Kind bei sich und muss sich nun in das behinderte Kind einfühlen: Wie wird es von der Gesellschaft betrachtet? Wird es angenommen oder nicht? – Sie hat vielleicht in ihrer Kindheit schon eine Frustrationstoleranz entwickelt, auf die sie sich verlassen kann, aber sie muss auch neue integrative, kämpferische Kräfte mobilisieren, um mit dieser neuen Situation fertig zu werden. Dann erst wird sie erkennen, was sie an ihrem Kind gewonnen hat – und sich nicht darüber beklagen, was sie verloren hat. Auch die partnerschaftliche Liebe bekommt eine andere Dimension: Sie merkt, dass ihr Mann zu seinem behinderten Kind steht und sich seinetwegen nicht schämt. Ihre Liebe zu ihm wird sich gewiss vertiefen, neue Kräfte und Werte kommen dazu.

Eine andere Mutter würde mit der Behinderung ihres Kindes anders umgehen: sie kaschieren, indem sie es einer kosmetischen Operation unterzieht. Dann sehen die anderen nicht gleich auf den ersten Blick, dass das Kind mongoloid ist. Aber solange das der Fall ist, ist keine Auseinandersetzung mit dem Problem möglich, und man befindet sich im Wartezimmer der Seele – dort, wo keine Kräfte mobilisiert werden können und nichts Schöpferisches passiert. Erst wenn ich dem Problem in die Augen schaue und mir meiner Krisensituation bewusst bin, kann ich aktiv werden – und ich weiß, ich werde von nun an anders leben.

Wenn es sich aber nur um eine Krise zwischen den Partnern handelt?

Auch dann ist es nicht gut, den Streit ungeschehen zu machen oder Gefühle unausgedrückt zu lassen. Es bringt die Partner nicht näher, wenn die Frau ihre Gefühle dauernd unterdrückt und nie wirklich sagt, was sie denkt und fühlt, selbst wenn es nur um läppische Dinge geht wie das Autofahren beispielsweise. Wenn der Mann sich über ihren Fahrstil mokiert, dann muss ihm die Frau mitteilen, wie es ihr dabei geht, damit er sich in sie hineinfühlen kann. Mit einem Satz wie »Du bist einfach ein Macho!« wird sie ihn gewiss nicht erreichen und

weicht dem eigentlichen Konflikt aus. Aber wenn sie über ihre Gefühle spricht: »Es verletzt mich! Ich fühle mich klein, wenn du mich so tadelst!«, dann wird er sich in sie hineinfühlen können und das nächste Mal rücksichtsvoller sein.
Übrigens: Ich kenne viele alte Frauen, die sich das ganze Leben lang trotz Führerschein nicht trauen, Auto zu fahren. Sie fürchten, dass sie bei ihrem Mann anecken. Sie tun, als wäre das in Ordnung. Heimlich sind sie aber wütend auf ihren Mann und sich selbst.

In Streitsituationen erfährt man auch über sich selbst sehr viel – warum man zum Beispiel immer wieder auf ganz bestimmte Dinge so allergisch reagiert.

Die allergischen Reaktionen rühren aus ganz frühen Kindheitserfahrungen her – die haben sich meist in meinem Körper niedergeschlagen. Es sind die vielen Wunden, die mir nicht bewusst sind, die aber immer wieder bluten und die ich spüre.

Wie heile ich sie?

Man muss sie sich bewusst machen – woran und an wen erinnert mich eine bestimmte, immer wiederkehrende Situation? Meist kommt man nur in therapeutischer Begleitung dahinter. Doch die wenigsten wollen das wirklich, lieber wiederholen sie ihre Dramen bis zu ihrem Lebensende. Sie sind aber trotzdem nicht glücklich.

DIE BOTSCHAFT DER LIEBE

Kinder haben eine natürliche Mystik, haben Sie mal gesagt – wieso empfinden Sie das so?

Kinder leben nicht getrennt von dem, was sie umgibt. Sie leben in einem ganzheitlichen Gefühl, und das ist die Liebe, die alles durchdringt und verbindet – als Erwachsene vergessen wir diese einfache Tatsache, weil uns unsere Kopflastigkeit die Sicht auf die Welt verstellt und verdreht. Doch an dieses allerhöchste Prinzip erinnern uns die Kinder immer wieder: Sie kommen zur Welt, bringen ihre Liebesbotschaft mit und appellieren an unsere Liebesfähigkeit. Sie zeigen uns, was Liebe ist – ganz unberührt von äußeren Umständen und erzieherischen Einflüssen. Es gibt in diesem Kosmos eine Hardware, eine bestimmte Ordnung, nämlich die Polarität, in der sich die kosmische Liebe bewähren möchte. Die Liebe wird zwar immer wieder erschüttert und bedroht – durch Konflikte, Krisen, Ärger, Schmerzen –, aber nur, um sich wieder zu erneuern. Denn ohne die negativen Erlebnisse wäre sie nicht das, was sie ist: eine Liebe, die ohne Bedingungen auch in schlechten Zeiten waltet.

Wie stellen Sie sich den Menschen der Zukunft vor?

George Orwells *1984* ist heute Wirklichkeit. Die Utopien, die man früher in Romanen geschildert hat, erstaunen uns überhaupt nicht mehr. Wenn wir dann Kinder klonen oder Roboter bauen, die Gefühle zeigen, dann haben wir's geschafft: Dann haben wir den Ast, auf dem wir sitzen, abgesägt und unser so kostbares morphogenetisches Feld – und die ganze Kraft, die uns dieses Feld verleiht – vernichtet. Wir haben unsere Sinnenwelt ausradiert und uns empfindungslos gemacht. Aber das kann nur eintreffen, wenn die Liebe in der Welt drastisch abnimmt und Menschen eine Ablenkung in falschen, aber sehr verführerischen Werten suchen – es ist ein großes Versprechen, sich als Herr der Welt aufspielen zu können und alles vom Computer aus zu steuern, aber es ist nichts als eine Kompensation für das, was seit jeher fehlt – die Liebe.
In der Wüste hat der Teufel Jesus mit den tollsten Verheißungen verführen wollen, so auch Mephisto den Faust – genauso verhält es sich heutzutage: Die verführerischen Schlagworte unserer heutigen Gesellschaft sprechen den Narzissmus des Einzelnen an: »Du bist der Größte und der Tollste! Du kannst alles haben, wir bieten es dir an!« Hochmut, Eitelkeit, Hoffart werden am laufenden Band produziert, auch die Psychotherapeuten sind nicht frei davon. Damit wird die Lieblosigkeit vermehrt. Es ist eine große Herausforderung für die Menschlichkeit, dagegen aufzubegehren!

Begehre ich allein dadurch auf, dass ich mich selbst liebe, das heißt, wie Peter Schellenbaum sagen würde, die Wunde der Ungeliebten *in mir erkenne und die Endlosschleife der Ungeliebten durchbreche?*

Ja, wenn du dich selbst trotz aller Vorbehalte liebst, fehlt dir nichts, dann kann dich nichts blenden und von deinem Weg abbringen.

In sich selbst findet man also seine eigentliche Heimat ...

Ja, in uns selbst spüren wir unsere transzendentale Heimat auf. Und wir finden zu unserer inneren Ruhe, wenn wir uns in die wohlwollende Obhut der kosmischen Kräfte begeben und ihnen vertrauen. Aber Heimat ist auch unser Herkunftsland – ganz einfach geographisch gesehen: Von dort ging unsere Lebensreise aus.

Durch mein ganzes Leben begleiten mich die Erinnerungen, die oft kleinen und dennoch so wertvollen Bruchstücke: der hanakische Dialekt und noch mehr der aus Postrelmov, der Ort, wo die Eisenbahnschienen in die Unendlichkeit laufen! In Postrelmov, bei meinen Großeltern mütterlicherseits, bleichte man Wäsche an der March. Die Wäschestücke breitete man damals auf einer Wiese aus und spritzte sie mit dem Flusswasser ein. Den Duft der trockenen Wäsche bewahre ich in meinem Gedächtnis wie ein kostbares Kleinod auf. Oder den Duft der Wälder des Altvatergebirges in bestimmten Jahreszeiten, und ich spüre noch die feine Brise, wie sie die Kornfelder durchkämmt. Auch rieche ich noch den frisch gemahlenen Kaffee aus der Küche, wo meine Mama das Frühstück vorbereitete ...

Vieles prägte sich tief in mein Gedächtnis ein, und ich trage es weiter in meinem Herzen. Doch weiß ich, dass ich nicht nur in dieser irdischen Heimat eingebunden bin, sondern in der überirdischen. In einem Interview beim ORF wurde ich gefragt, was werden wohl meine letzten Worte sein, wenn ich sterbe. Ohne zu überlegen antwortete ich mit einem seligen Gefühl: »Ich komme!«

Hoffentlich tun Sie das noch lange nicht!

Darüber denke ich nicht nach. Das entscheidet doch mein kosmisches Management. Jedenfalls fühle ich mich – ob nun oben oder unten – geborgen und glücklich.

Jirina Prekop: ***Von der Liebe, die Halt gibt.*** *Erziehungsweisheiten*
»Ein Kind zu erziehen bedeutet vor allem, es in der Besonderheit seines kindlichen Wesens bedingungslos anzunehmen und zu lieben. Erziehung ist Herzensarbeit und Geduld.«
Ein liebevoll illustriertes Geschenkbuch, reich an Erfahrung und Weisheit.
4. Auflage 2003

Jirina Prekop/Bert Hellinger: ***Wenn ihr wüsstet, wie ich euch liebe.*** *Wie schwierigen Kindern durch Familien-Stellen und Festhalten geholfen werden kann*
Warum ist ausgerechnet das eine Kind unsteuerbar, obwohl es die gleichen Eltern hat wie seine gut erzogenen Geschwister? Und warum überfordern einige Kinder ihre Eltern und Lehrer und machen ihre ganzen Bemühungen zunichte? Jirina Prekop und Bert Hellinger erkannten, dass die Gründe oftmals im Verborgenen liegen und Ergebnis einer gestörten Ordnung des familiären Systems sind.
3. Auflage 2002

Jirina Prekop/Christel Schweizer: ***Kinder sind Gäste, die nach dem Weg fragen.*** *Ein Elternbuch*
Ein Kind zu erziehen heißt, es in der Besonderheit seines kindlichen Wesens bedingungslos anzunehmen. Konkrete Beispiele aus dem Alltag zeigen, wie Eltern ihr Kind auf seinem Weg begleiten können. Eine Kraftquelle für alle verantwortungsbewussten Eltern und Erzieher.
16., durchges. u. erweiterte Auflage 2003

Jirina Prekop bei Kösel

Jirina Prekop: ***Einfühlung oder die Intelligenz des Herzens***
Mangelnde Einfühlung scheint das Thema unserer Zeit zu sein: Jemand drängelt sich an der Kasse vor, überholt uns mit seinem Auto rücksichtslos, oder ein Kind wird mitten im Winter mit Sandalen in den Kindergarten geschickt. Was ist bloß los? Warum fällt es uns so schwer, uns in die Lage unseres Gegenübers zu versetzen und dessen Gefühle wahrzunehmen?
Jirina Prekop analysiert den kranken Zeitgeist, der im öffentlichen wie im privaten Bereich immer beängstigendere Formen annimmt, und appelliert an die Intelligenz unseres Herzens.
2. Auflage 2002

Jirina Prekop: ***Erstgeborene.*** *Über eine besondere Geschwisterposition*
Wer als Erstgeborener auf die Welt kommt, dem eröffnen sich mit dieser Geschwisterposition ganz eigene Chancen – es tun sich aber auch spezielle Ängste und Herausforderungen auf. Jirina Prekop möchte alle für das besondere Schicksal der Erstgeborenen sensibilisieren.
5. Auflage 2003

Jirina Prekop: ***Schlaf Kindlein – verflixt noch mal!*** *So können Sie und Ihr Kind ruhig schlafen*
In vielen Familien sind die Nächte mit dem Kind eine Qual: Trotz liebevoller Versuche, das Kind zum (Ein-)Schlafen zu bringen, will es oft nicht klappen. Jirina Prekop zeigt, welche Voraussetzungen gegeben sein müssen, damit ein Kind schlafen kann. Ihre wichtigste These lautet: Zum Schlafen braucht das Kind Sicherheit.
9., überarbeitete Auflage 2004